«Las ideas de Baldoni son fáciles de entender y dan por completo en la diana de los requisitos de un líder de la actualidad. Si sigues algunas de sus recomendaciones te convertirás en un líder aún más eficiente, porque tus seguidores estarán más inspirados para seguirte».

Jim Moore
Ex director de formación
BellSouth, Nortel y Sun Microsystems

«John Baldoni tiene una clara habilidad para desgranar las complejidades del liderazgo y para ofrecer consejos realmente prácticos. Sus ideas, profundamente útiles, resonarán en los directivos de todos los niveles organizativos».

Paul Michelman
Director de contenidos
Harvard Business Digital
Harvard Business Publishing

«Cada nuevo libro de John Baldoni es un acontecimiento, y este quizá sea el mejor de todos. Está repleto de contenidos (principios e historias) escritos de tal manera que las lecciones son increíblemente fáciles de absorber y recordar. Será un clásico».

David Maister
Gran autoridad en la dirección de empresas de servicios profesionales y autor de *First Among Equals* y *Trusted Advisor*

«*Sé un líder modelo* ofrece un acercamiento único al liderazgo. Mientras que muchos libros sobre el tema se centran en el aspecto del "yo" (en cómo yo puedo ser un gran líder), *Sé un líder modelo* brinda consejos pragmáticos y factibles que determinan la verdadera fuente de poder de los grandes líderes, concretamente, la gente que se siente inspirada a "seguirlos". *Sé un líder modelo* rápidamente se convertirá en una lectura obligada para directivos que deseen convertirse en líderes, o líderes que deseen convertirse en mejores líderes».

Gary Beach
Editor emérito
Revista *CIO*

«Baldoni nos ofrece un comprensible marco de cómo los líderes hacen que ocurran cosas buenas al dar buen ejemplo, representar su papel, manejar las dificultades y poner al equipo en primer lugar. Las 50 lecciones de Baldoni están organizadas según estos cuatro encabezamientos, y nos ofrecen reflexiones accesibles, fáciles de leer y relevantes sobre cómo podemos ser un líder modelo de forma más eficaz. En un mundo plagado de titulares acerca de deslices en el liderazgo, aquí hay un libro que habla de cómo los líderes eficaces lo están haciendo bien».

Doctor Nick Nissley
Director ejecutivo
Centro Banff de desarrollo del liderazgo
Banff, Canadá

«John Baldoni es el siempre astuto observador del liderazgo, y su última obra proporciona una valiosa colección de buenas prácticas. Es una guía útil para el liderazgo que brinda sabias recomendaciones y consejos para los líderes de cualquier clase. Redactado en un estilo directo y con una claridad admirable, este libro extrae la esencia del liderazgo eficaz y sostenible. El mundo sería un lugar mejor si muchos de los que están en posiciones de autoridad practicaran lo que predica Baldoni en *Sé un líder modelo*».

Doctor George E. Reed
Profesor adjunto
Departamento de estudios de liderazgo
Escuela de liderazgo y ciencias de la educación Universidad, de San Diego

«Todo directivo, no importa cuanta experiencia tenga, puede aceptar consejos sobre liderazgo. Cuando te llegue ese momento escoge *Sé un líder modelo*. Este libro combina el énfasis en el carácter y los valores con consejos prácticos sobre los asuntos difíciles que implican a las personas y los equipos. Leer este libro te ayudará a convertirte en un líder a quien otros quieran seguir».

Joe Pittel
Presidente
Intier Automotive Seating

SÉ UN LÍDER MODELO

50 maneras
en que los grandes líderes
inspiran resultados

John Baldoni

GRUPO NELSON
Una división de Thomas Nelson Publishers
Desde 1798

NASHVILLE   DALLAS   MÉXICO DF.   RÍO DE JANEIRO

© 2011 por Grupo Nelson®

Publicado en Nashville, Tennessee, Estados Unidos de América. Grupo Nelson, Inc. es una subsidiaria que pertenece completamente a Thomas Nelson, Inc. Grupo Nelson es una marca registrada de Thomas Nelson, Inc. www.gruponelson.com

Título en inglés: *Lead by Example*

© 2009 por John Baldoni

Publicado por AMACOM, una división de la American Management Association, International, Nueva York. Todos los derechos reservados.

Editora General: *Graciela Lelli*

Traducción y adaptación del diseño al español: *Ediciones Noufront / www.produccioneditorial.com*

ISBN: 978-1-60255-570-9

Impreso en Estados Unidos de América

12 13 14 15 QG 9 8 7 6 5 4 3 2

A mi madre

Martha W. Baldoni,

que me enseñó a escribir

entre muchas otras cosas.

CONTENIDO

RECONOCIMIENTOS

■

Puede que escribir un libro sea un acto individual, pero rara vez es una empresa individual. Ese es el caso con este libro. Como *coach* ejecutivo y consultor he tenido el honor de trabajar con hombres y mujeres en todos los niveles de la gestión en organizaciones grandes y pequeñas de sectores lucrativos y no lucrativos. Lo que he aprendido trabajando con estas personas me ha ayudado a formar mi idea de lo que funciona y lo que no cuando se trata de construir un equipo, un departamento o una compañía. Los líderes de éxito son los que le dan a su gente una razón para creer tanto en su liderazgo como en ellos mismos. Por esas lecciones que me enseñaron estoy agradecido.

Mis compañeros de Right Management/Great Lakes, en particular John Heidke y Sidney Lentz, estaban repletos de buenas ideas. Sus opiniones, junto con su ánimo y apoyo, han ayudado enormemente a darle forma a este libro. También quiero darles las gracias a mis amigos del Alexcel Group. A nivel particular y colectivo (y la mayoría de las veces de forma virtual), me han ayudado a alcanzar una mayor comprensión acerca de cómo ayudar a otros a crecer y desarrollarlos como líderes.

Mi agente, Jeff Herman, merece una atención especial. Fue Jeff quien me empujó a darles a estas ideas una forma atractiva que fuera a la vez significativa y comercializable. No es algo fácil, y buena parte del mérito es de Jeff. También quiero dar las gracias a mi editora, Christina Parisi, por su sentido del equilibrio al garantizar que el libro fuera fiel a su visión pero que también conservara la claridad y la coherencia.

Y por último, muchas gracias, como siempre, al amor de mi vida y mi inspiración para la verdadera bondad, mi esposa, Gail Campanella. Gracias siempre.

Sé un líder modelo

PRÓLOGO

■

«El liderazgo debe basarse en la buena voluntad... el
compromiso obvio y sin reservas a ayudar a los seguidores...
Lo que necesitamos como líderes son hombres con corazón
que sean tan útiles que, en efecto, eliminen la necesidad de sus
trabajos... Por raro que suene, los grandes líderes se ganan la
autoridad entregándola».

—ALMIRANTE JAMES B. STOCKDALE

Ocupar el puesto más alto, ya sea líder de equipo o director ejecutivo, nunca es fácil.

Cuando se hace bien, lo llamamos liderazgo; cuando se hace mal, lo llamamos desastre. Le corresponde a la persona al cargo darle a la gente una razón para creer en sus talentos y habilidades para conseguir que los demás trabajen juntos.

Los líderes son aquellos que hacen que ocurran cosas buenas. Una de las mejores maneras en que lo hacen es dándole a la gente una razón para creer y para seguirlos. Es simple y fácil de decir, pero lleva toda una vida intentar ponerlo en práctica. No hay atajos, pero hay postes indicadores. El trabajo de un directivo es conseguir que el sistema funcione; es el trabajo del líder poner en marcha el sistema y, más específicamente, hacer que otros lo pongan en marcha. Hay cuatro formas de hacerlo:

1. *Da buen ejemplo.* Puede que nuestro concepto de líder esté formado en parte por el modelo del oficial de caballería del siglo diecinueve.

Esta persona se ganaba la posición porque al cabalgar, al disparar y al beber podía superar a todos los hombres de su regimiento, sin mencionar al conquistar a todas las damas.[1] Hay un fondo de verdad en el enfoque del liderazgo del oficial de caballería, y es la capacidad de hacer el trabajo y hacerlo bien. Los empleados deben saber que su líder tiene lo que hace falta para hacer el trabajo. Los trabajos ejecutivos de hoy en día son menos físicos (excepto por los viajes internacionales), pero sí requieren habilidades de pensamiento crítico. Los líderes necesitan comunicar con el ejemplo que tienen inteligencia para desarrollar el trabajo.

2. *Representa tu papel.* Un mantra de la industria del ocio es que es el negocio del *espectáculo.* (Fíjate en el énfasis en espectáculo.) Para los productores eso significa que deben aportar algo de chispa con sus ideas; para los actores significa que deben poner el corazón en sus papeles. El mismo sentido de espectáculo se aplica al liderazgo. Tienes que demostrar que estás al mando y que tienes lo que hace falta. Y, mejor aún, que te encanta. Mira vídeos de Ronald Reagan como presidente; desde su sonrisa radiante hasta su paso confiado estaba claro que le encantaba su trabajo, cada minuto del mismo. Y como actor formado sabía cómo proyectar esa confianza. Representar el papel de líder requiere una disposición a salir de ti mismo y conectar con otros. No es apariencia; es comunicación auténtica cuando sale del corazón y está arraigado en tus valores como líder.

3. *Maneja las dificultades.* Pocas personas en puestos altos han llegado ahí sin haber sido derribados unas cuantas veces. Que te tumben no es nada de lo que avergonzarse; cómo te pones en pie es lo que cuenta. Si lo haces reconociendo tus defectos y luego les pones remedio con más educación, formación, o incluso experiencia, demuestras que tienes resistencia. Los empleados se merecen líderes que sepan doblarse, pero sin romperse. Esa clase de líderes saben lidiar con los asuntos que hacen que a todos los demás les tiemblen las piernas: un fiero competidor nuevo, una fusión pendiente o un conflicto en el lugar de trabajo. Necesitan saber que su líder tiene el valor para aceptar un reto y la fortaleza para no derrumbarse frente a la adversidad. También necesitan saber que su líder tiene la inteligencia suficiente para alejarse de lo imposible y así no destruir

la organización. Los líderes perspicaces escogen sus momentos con cuidado, los líderes resistentes perseveran.

4. *Pon al equipo en primer lugar.* El liderazgo no es de uno solo; los líderes señalan el camino, pero otros llevan la carga. Por lo tanto, la persona al mando gana credibilidad al trabajar cooperando con el equipo, así como al compartir el reconocimiento del éxito. Más específicamente, los líderes que se ponen en el punto de mira cuando las cosas van mal se ganan más que el respeto; se ganan los corazones y las mentes de sus seguidores. Un compromiso así, engendrado por el respeto a las habilidades individuales y colectivas, preparará al líder y al equipo para conseguir más en el futuro.

El mando se concede; el liderazgo se gana. Este es un dicho que rige el ejército de Estados Unidos. Se pone a las personas en puestos de autoridad, pero depende del individuo ganarse el respeto y la confianza de sus seguidores. La moneda principal de dicha ganancia es el ejemplo. Cuando los seguidores ven al líder hacer lo que es bueno para el equipo, es decir, apoyar, desarrollar, nutrir y defenderlo en los buenos y en los malos tiempos, ellos ofrecen su confianza. El mismo beneficio de ganar la confianza es aplicable a nivel individual. Los directivos que ponen los intereses de su gente en primer lugar (es decir, que encuentran formas de hacerlos crecer, desarrollarse y asumir más responsabilidades) dejan de ser meros gerentes; son líderes de hombres y mujeres que se han ganado su rango al darle a su gente una razón para creer.

Lo que hace falta para liderar

Un verdadero líder es alguien que puede liderar a personas con resolución, autoridad, convicción y compasión. Los líderes son seres humanos de carne y hueso. Tienen sus virtudes y sus vicios. Pueden ser fuertes y valientes a veces, y parecer débiles o confundidos en otro momento. Esa es la naturaleza del liderazgo; es parte de nuestra naturaleza humana.

Este libro demuestra cómo los líderes se valen de sus mejores atributos para superar sus defectos y así ganarse la confianza y conseguir resultados.

Al crear un vínculo con su gente, captan sus corazones y sus mentes. Eso es darle a la gente una auténtica razón para creer.

Puede que leas este libro de principio a fin de una sentada, o que vayas al índice de contenidos y selecciones temas que traten problemas que estés enfrentando ahora mismo, ya sea como líder o como alguien que quiere serlo. Recuerda que los líderes no nacen con títulos. Los líderes se ganan el liderazgo al pensar y actuar en el bien de la organización y de las personas que la forman. Un liderazgo así a menudo requerirá un pensamiento fuerte y una acción con determinación. Este libro te puede ayudar a enfrentar lo difícil, y también lo que significa liderar, de tal modo que otros quieran seguirte.

Las lecciones que se revelan en estas páginas han sido seleccionadas tras años de enseñar y preparar a ejecutivos para convertirse en líderes más eficaces: líderes a los que la gente admira porque los respetan. Así que, a menudo, las reflexiones no son solo mías; vienen de los hombres y mujeres con quienes he tenido el privilegio de interaccionar. Aunque algunos buscaron mi consejo, son ellos los que me enseñaron a mí.

Así que, ¡a leer y a liderar!

PARTE I

Da buen ejemplo

TODOS LOS OJOS ESTÁN EN EL LÍDER. Pero no están mirando sus labios, están mirando sus pies. Es decir, los líderes no son juzgados por lo que dicen, sino por lo que hacen. El ejemplo es fundamental para conseguir que la gente crea en quien eres y lo que representas.

«El carácter es como un árbol y la reputación como su sombra.
La sombra es lo que pensamos de él; el árbol es lo real».

—Abraham Lincoln

TODO EMPIEZA POR EL CARÁCTER

Lo que haces cuando crees que nadie mira puede ser la mejor definición de carácter. El carácter define quién eres y forma la base de tu liderazgo. Sin él, el liderazgo es imposible; con él, el liderazgo puede prosperar.

El carácter está arraigado en nosotros. Nos lo enseñan nuestros padres, profesores y entrenadores; lo aprendemos de ellos. Los líderes muestran carácter al hacer hincapié en los valores, al acatar los principios y mantener ambos en su vida diaria. Los empleados se fijan en sus encargados no solo por la guía, sino por el ejemplo. Hacer hincapié en el buen carácter significa que todos deben adoptar ese comportamiento. Claro, es fácil decirlo, pero puede ser difícil de implantar en el mundo real. El buen carácter puede hacer que te contraten, pero lo que hagas con él es lo que importa.

Mucho de lo que admiramos en nuestros líderes tiene que ver con su carácter. No importa tanto su grado de afabilidad sino el grado de respeto. Las personas de carácter exigen respeto porque se lo han ganado. Uno de los rasgos destacados de los líderes del nivel 5, tal y como se describen en el libro de Jim Collins, *Empresas que sobresalen*, es la capacidad de poner la organización en primer lugar. A los empleados les gusta eso; significa que alguien piensa tanto en el panorama general como en su papel en él. Toda organización está formada por hombres y mujeres que ponen a otros en primer lugar. Es cuestión de identificarlos y ponerlos en puestos en los que puedan tener éxito y, en el proceso, ayudar a otros a tener éxito. Esa acción genera carácter en la organización.

El carácter cuenta

Hacer hincapié en el buen carácter significa que todos deben adoptar ese comportamiento. El buen carácter puede conseguir que te contraten, pero lo que hagas con él es lo que importa. Los empleados atrapados en escándalos de empresas corruptas puede que hubieran sido completamente inocentes, pero muchos pagaron por los delitos de sus superiores, ya sea con despidos, pérdida de la pensión o pérdida de la reputación personal. Si un directivo reduce costes, por ejemplo, amañando un informe de gastos, los empleados tomarán nota. Muy pronto se cuela un clima de «todo el mundo lo hace» y la organización pierde no solo la integridad, sino la credibilidad dentro y fuera.

Define la responsabilidad. Nunca des por sentado que la gente sabe cuáles son sus responsabilidades; díselas y después pídeles que definan esas responsabilidades con sus propias palabras. Puede que la responsabilidad de alcanzar objetivos esté clara, pero los directivos tienen que comprobar si los empleados conocen el código de conducta que define el civismo y los derechos en el lugar de trabajo; y también tienen que hacer hincapié en los comportamientos que conducen al buen orden. Es decir, los encargados pueden pedir cortesía, cooperación y colaboración como parte del trabajo, e insistir en ello. Nunca aceptes una mala actitud, y nunca la llames por ese nombre. Cuando una persona se pase de la raya, define el comportamiento, como ser maleducado, ser poco colaborador o no lograr trabajar con otros. Esas no son actitudes: son comportamientos definidos de los que una persona es responsable.

Haz que rindan cuentas las personas adecuadas. Cuando alguien hace algo bien nos gusta recompensarle; al menos las buenas empresas lo hacen. Pero cuando se comete un error, a veces rinden cuentas los que ocupan los puestos más bajos. Por ejemplo, en el campo de prisioneros de Abu Ghraib se castigó primero a los suboficiales y los reclutas estadounidenses. Los oficiales de alto rango con autoridad jerárquica sobre el sistema de la prisión, a excepción de la general de brigada Janis Karpinski, no rindieron cuentas en un principio. Eso sienta un mal precedente, no solo ante las tropas sino ante otras naciones que observan el sistema de justicia militar de Estados Unidos. Amenaza con minar el excepcional trabajo que ha hecho el ejército al investigar la mala conducta y confesar el problema. (Hay que mencionar que algunos oficiales de alto rango más fueron acusados o por tolerar la cultura de abuso o por encubrirla.)

Destaca las acciones, no las palabras. Toda organización profesa ser ética; incluso el crimen organizado tiene algunas normas. Pero, como dice la expresión, no importa lo que digas sino lo que hagas. Piensa, por ejemplo, en el empleado superestrella que siempre consigue las cifras y se anota las grandes victorias. Si esa persona se comporta como un idiota con los demás, a menudo los directivos harán oídos sordos. Después de todo, dicen, démosle un poco de cuerda. Aquello de lo que sale impune la superestrella no se les toleraría jamás a empleados menos espectaculares. Al final, las victorias de la superestrella son efímeras porque el lugar de trabajo queda tan contaminado por sus comportamientos negligentes que la gente buena se acaba yendo, y dejan atrás solo a los jugadores marginales. Muy pronto todo el departamento apesta y, finalmente, se hunde. Puede que haya justicia en ese final pero, ¿a qué precio? Los buenos abandonan, el rendimiento se va a pique y la organización sufre una pérdida de reputación, de ingresos y de confianza del inversor. Sería mejor llevar a la flagrante superestrella aparte con una advertencia para que corrija el comportamiento negativo apoyado por un seguimiento personal o que se enfrente al despido. Cuando los empleados ven que se deja ir a las superestrellas porque son abusivas, esto manda una potente señal de que la empresa valora la ética por encima de los dólares y los centavos.

Pon a las personas en situaciones difíciles. Si quieres que las personas crezcan y se desarrollen dales tareas complicadas. Un ejemplo extremo es la Marina de Estados Unidos. Su entrenamiento es agotador física y mentalmente; a los candidatos que quieren graduarse se les lleva al límite. Ciertamente, no es para todo el mundo, pero si quieres desarrollar un batallón de tropas que pueda saltar desde helicópteros por la noche en territorio hostil para perseguir a los malos, quieres gente que sea resistente ante la adversidad. Desde la perspectiva de la gestión, preparar a personas para el liderazgo significa darles oportunidades para desarrollar sus habilidades, no en aulas, sino en situaciones reales de trabajo. Luego observa lo que hacen y cómo lo hacen. Además de buscar resultados, examina cómo han trabajado con el equipo. ¿Han trabajado con las personas o a pesar de ellas? Quieres líderes que puedan unir a la gente por una causa común. Eso, una vez más, es carácter.

Recompensa las buenas acciones. Uno de los mejores lugares para ver dónde se recompensan las buenas acciones es en los equipos deportivos de institutos o universidades. Fíjate en quiénes han elegido los jugadores para ser sus capitanes. Los jugadores no siempre son los deportistas con más talento, sino que son los que se centran más en lo externo que en sí mismos. Son los que lideran con el ejemplo. Específicamente, verás que son los primeros en llegar al entrenamiento, los últimos en irse. Lo que hacen en el entrenamiento es esencial para la unidad del equipo. A menudo les dan clases particulares a los demás jugadores en el arte del deporte o, más a menudo, en el arte de llevarse bien con un entrenador, un profesor o un compañero de equipo. Son líderes de equipo respetados por sus compañeros. Los directivos pueden encontrar empleados así en sus propios equipos. Cuando lo hacen, son suficientemente sabios como para colocarlos en puestos en los que su ejemplo pueda influir en los demás. Mejor aun, los buenos directivos ascienden a las personas así a puestos de mayor responsabilidad para que sus acciones positivas puedan tener un impacto aún mayor.

Líbrate de los canallas. Las personas que cometen errores de gestión necesitan educación y formación; a los tipos que a sabiendas hacen una jugarreta ética hay que echarlos inmediatamente. Eso manda un mensaje claro de que un comportamiento así no se tolera nunca. Si lo dejas pasar (o al menos no exiges consecuencias en forma de correcciones serias) seguirán ocurriendo cosas malas hasta que ocurra algo realmente malo.

Por qué importa el carácter

De todas formas, el carácter es una virtud, y aunque no se demuestre en lo fundamental, aun así provee la base para la sostenibilidad. Si gestionas a corto plazo es menos importante cómo trates a los empleados o los activos corporativos. Pero si operas a largo plazo, el calibre de las personas que reclutes, retengas y recompenses dice mucho del carácter de tu organización. Estos son hombres y mujeres que tomarán las decisiones que desarrollarán productos y servicios que aportan valor a los clientes que quieren comprar y a los accionistas que quieren adquirir. El carácter importa, entonces. Mostrarlo es esencial para tu futuro.

«Un ejército de burros liderado por un león es inmensamente superior a un ejército de leones liderado por un burro».
—GEORGE WASHINGTON

SABER LO QUE SABES (Y LO QUE NO SABES)

■

Asumámoslo, si no eres listo, no podrás liderar a nadie hacia ningún sitio. Así de simple. Los buenos líderes son aquellos lo bastante sabios como para conocer sus posibilidades y sus limitaciones.

Un amigo mío me llamó el otro día con una historia sobre un consejo que le había dado a un cliente, consejo que el cliente rehusó seguir. Mi amigo se preguntaba dos cosas: 1) ¿Había dado el consejo adecuado? y 2) ¿Qué podía hacer con esta experiencia? La buena noticia es que no hubo daños. El cliente estaba contento con su decisión de rechazar el consejo de mi colega, y la empresa de mi cliente aún tiene fe en mi amigo. Personalmente, creo que el consejo de mi amigo era más sensato; estaba en conformidad con la práctica habitual y era coherente con la cultura de la empresa. El ejecutivo estaba siendo inconsecuente. Pero entonces, ¿hay algo nuevo? Lo que es reconfortante es la disposición de mi amigo a reflexionar sobre la situación y buscar modos de aprender de ella. Una reflexión así es demasiado excepcional en nuestra cultura corporativa, así que cuando encuentras ejemplos de la misma hay razones para una buena ovación.

¿Qué has aprendido?

Los inventores son autodidactas por naturaleza. Su forma de vida depende de encontrar posibilidades donde los demás o bien han chocado con un muro o, lo que es más probable, nunca han mirado. Probando y cuestionando, o desmontando, dan con las soluciones. Puede que hagan un boceto, o un prototipo. Pero los buenos inventores no paran ahí. Perseveran en ello. Es divertido mirar los primeros dibujos de inventos famosos, desde el fax hasta el telégrafo, desde la fotocopiadora hasta el ordenador; pocos de ellos son reconocibles en su forma final. Aunque algunas mejoras vienen de otros, es el inventor mismo quien continúa diligentemente, y en el proceso descubre nuevas posibilidades para este producto, así como para otros.

Un cliente mío me dijo una vez que tenía un jefe que decía que un trabajo no estaba terminado hasta que habías determinado lo que habías aprendido. Hay una tendencia a hurgar en los proyectos que han salido mal, pero se organiza muy poca observación de las cosas que han salido bien. En ambos ejemplos, rara vez ha salido todo mal o bien. Hay lecciones para aprender de cada situación. No es mirarse el ombligo, es una forma de autoaprendizaje. Los directivos pueden motivar el autoaprendizaje de varias formas.

Establece el estándar. La gestión trata de establecer expectativas y de llevarlas a cabo. Si quieres motivar un proceso de autoaprendizaje, ensáyalo en las reuniones de personal. El enfoque del estudio no es un individuo, sino el equipo. Aparta tiempo de forma regular, quizá una vez al mes, para hablar de lo que el equipo ha conseguido, lo que ha hecho bien y lo que podría hacer mejor. Enfócate estrictamente en el comportamiento colectivo, no en los individuales. Luego acaba con sugerencias sobre cómo hacerlo mejor la próxima vez.

Abre los oídos. Escucha al pasillo. Cuando un equipo funciona bien hay un zumbido de energía en el aire. Puedes oírlo en la forma en la que habla la gente; su charla es animada. Puedes discernirla en sus gestos; emanan confianza. Cuando las cosas van mal, ocurre justo lo contrario. La gente se insulta a sí misma tanto como a los demás. Los directivos tienen que estar en sintonía con estos signos y actuar cuando sea necesario. Cuando todo va de perlas, solo quieres asegurarte de que las cosas continúen así: *keep on keepin' on*, como dice la vieja canción. Cuando todo se está hundiendo, quieres lanzar los chalecos salvavidas y tirar de la gente hasta la orilla y averiguar qué puedes hacer para ayudarles. Al escuchar das los primeros pasos para enterarte de lo que está pasando.

Cuidado con los puntos ciegos. Así como los conductores no pueden ver ciertos obstáculos a su alrededor, los directivos tampoco pueden. Somos ciegos, a veces a nuestras propias fortalezas, otras a nuestras debilidades. Evaluaciones de trescientos sesenta grados, en las que a compañeros, jefes y subordinados se les pida que evalúen la actuación, iluminan los puntos ciegos. Lo que haga el directivo con la información recogida en la evaluación es muy importante. Ignorarla es ser testarudo y ciego. Actuar en consecuencia es signo de que quieres aprender a proyectar luz en las sombras. Unas palabras para los sabios: para mejorar, escoge tus comportamientos de uno en uno; un enfoque así aumenta las probabilidades de éxito.

Aprender de todo el mundo

El autoaprendizaje está, por su propia naturaleza, centrado en el individuo. Eso está muy bien, pero el proceso de autodescubrimiento debe estar abierto a las sugerencias de otros. Por ejemplo, si eres el director de ventas de una empresa de juguetes y el lanzamiento de un producto se trastabilla en la misma puerta de salida, sería inteligente que salieras de detrás del escritorio y empezaras a hacer preguntas de inmediato. ¿Hubo publicidad? ¿Se enfocó nuestro marketing en el perfil adecuado? ¿Tenemos suficientes juguetes en los estantes para responder a la demanda, o para estimular la demanda? Si el director de ventas pasa el tiempo mirando su ordenador en vez de salir al campo y presionar a la oficina central, el lanzamiento morirá. Habrá mucho que aprender, por supuesto, comenzando por la posibilidad de que el director de ventas no haya hecho suficiente.

El autoaprendizaje es una forma de reflexión. Como tal, es una herramienta poderosa que produce perspectiva en dos frentes. Primero, el autoaprendizaje te obliga a hacer preguntas sobre tu equipo, tu jefe y tu organización. Segundo, el autoaprendizaje, como implica la expresión, pone a prueba los supuestos sobre ti mismo. Ninguno de nosotros es tan bueno como creemos ser, ni tan deficiente como las situaciones pueden dictar. Pero la disposición a mirar honestamente a las tripas de tu actuación exige auténtico valor. En una era en la que las presiones competitivas no están solo fuera de la organización, sino que a menudo son más fuertes dentro de ella, cualquier signo de debilidad puede verse como sangre en el agua para un tiburón. Sin embargo, el autoaprendizaje no trata de desangrarse. Trata de examinarse a uno mismo y sus acciones con el compromiso de hacerlo mejor la próxima vez. Aquellos que reflexionan tienen más probabilidades de aprender que quienes nunca se paran a mirarse en el espejo si no es para admirar su propio reflejo.

Mirarte con lupa

Hay cada vez más pruebas de que los retos de la pasada década, las difíciles condiciones económicas, la crisis en el gobierno corporativo, la amenaza del terrorismo global y el rápido ritmo de casi cada ciclo de producto significan que muchas empresas globales, así como muchas más pequeñas, están organizando una profunda reflexión para ver si tienen lo que hay que tener para triunfar. Hay verdadero miedo en las salas de reuniones y en la planta de producción. El temor de los ejecutivos gira alrededor de si tienen a las personas en su sitio para sacar la empresa adelante. ¿Están formadas y entrenadas, pero también son lo bastante listas y creativas para enfrentar los retos del siglo veintiuno? El miedo en la planta de producción (así como en los pequeños despachos) es más personal: ¿estoy cualificado para cumplir mi trabajo, o tendré trabajo siquiera?

Estos miedos no son exclusivos de nuestra generación. Siempre han estado en los negocios. Lo que puede ser distinto ahora es el ámbito de la competencia (global), así como la velocidad del cambio (instantáneo). Al mismo tiempo, no te quedas callado, presionas con fuerza por el cambio para poder cambiar a tus compañeros por el camino. Hay virtud en el realismo y ahí van algunas formas de cultivarlo.

Ponte frente al espejo. Art Linkletter, ahora a sus noventa años, entretiene a los internos en residencias de ancianos. Ejerciendo su habilidad humorística con las personas mayores como lo hizo con los niños hace un par de generaciones, anima a sus compañeros ancianos a que no se olviden de reírse de sí mismos; es una manera de mantenerse vital y sano. Linkletter los exhorta a ponerse desnudos ante el espejo. Para eso hay que tener agallas, desde luego, pero más que agallas: es honestidad y el valor de enfrentar nuestras propias limitaciones. No estás tan esbelto y fuerte a los setenta y cinco como estabas a los veinticinco, pero puede que seas mucho más sabio. Asimismo, los directivos pueden colocar un espejo en su departamento; quizá para ver si hay vida, claro, pero también para retar a los empleados a que vean en qué se han convertido y, lo que es más importante, con qué están contribuyendo al equipo. La evaluación de uno mismo y del equipo es un primer paso vital.

Nunca aceptes la mediocridad. Ser realista no significa conformarse con lo segundo mejor. Cuando tu equipo complete un proyecto, pero no haya alcanzado los estándares, puede que tengas que vivir con ello porque no hacerlo podría poner en peligro el lanzamiento de un producto o servicio. Aun así, el directivo debe profundizar en por qué el proyecto no ha alcanzado las expectativas.

Pide informes al equipo para descubrir por qué el proyecto no ha cumplido las expectativas; que la gente rinda cuentas dando respuestas. Quizá las expectativas eran demasiado altas, o los recursos demasiado escasos. Trabaja de forma cooperativa para encontrar soluciones para el próximo proyecto. Aceptar lo que es «bastante bueno» no es en realidad lo bastante bueno; la mediocridad caerá rápidamente en situaciones en las que lo «bastante malo» es, en fin, bastante bueno. Es una espiral hacia el desastre.

Trabaja con lo que tienes. Uno de los atributos no reconocidos de los directivos de éxito es su habilidad de utilizar el talento que tienen. Parecen tener a las personas apropiadas en los lugares apropiados. Ponen a las personas con inclinación a la creatividad en trabajos que exigen conceptualización, como el marketing. En cambio, colocan empleados con tendencia a los detalles en puestos que requieren una supervisión cuidada, como la contabilidad o la planificación. Aquellos con don de gentes van a ventas o atención al cliente. Estos directivos también animan a su gente a aprovechar las oportunidades de formación y desarrollo para subir de categoría o adquirir nuevas habilidades. Estos directivos también reconocen las limitaciones de su equipo y se esfuerzan por reclutar y contratar a nuevos talentos cuando aparecen nuevos retos.

Extiéndete hacia el futuro. La complacencia puede ser un complemento del realismo, pero no debería permitirse nunca. Aunque tengas que vivir con lo que tienes en lo que respecta al producto o servicio, también puedes desarrollar a tu gente para que haga más. No trabajar más duro, sino de forma más creativa quizá. Por ejemplo, los directivos deben escuchar las ideas de la gente que está en primera línea; ellos saben lo que quieren sus clientes y, a menudo, a lo que aspiran. Los equipos multidisciplinares estimulan la creatividad, porque la gente está expuesta a diferentes disciplinas y, por lo tanto, aprenden a pensar cómo personas de trasfondos diferentes se enfrentan a los problemas. Como directivo, debes contratar para el futuro. Mira adónde quieres ir, no dónde has estado. Busca personas con las aptitudes y las habilidades necesarias para llevarte allí.

Aprovechar el realismo para el futuro

Analizar en profundidad dónde estás es bueno, pero hacerlo demasiado puede llevarte a encapricharte del statu quo. El liderazgo osado es esencial para el crecimiento. Por ejemplo, Chuck Newman decidió apostar en lo que otros no querían, principalmente en teléfonos móviles. Su empresa, ReCellular, es líder en reciclar teléfonos para distribuidores. Se reciclan teléfonos que no tienen arreglo. Lo único que hizo falta fue la capacidad de ver una posibilidad en lo que otros veían como obsoleto. Newman le contaba a *Forbes*: «La mayor parte de lo que hacemos es tropezarnos con cosas. Me hace gracia cuando la gente nos elogia por nuestra previsión».[1] Puede que no sea el negocio más emocionante, pero está dando beneficios con una combinación de crudo realismo e iniciativa empresarial creativa.

El realismo es un poderoso antídoto para las proyecciones exageradas, los planes de productos o los balances económicos. También reduce los egos hinchados. Ver el desfile de perpetradores de delitos corporativos demuestra la fragilidad de confiar demasiado en los que están en la cima. Nuestros líderes tienen que ganarse nuestra confianza con sus acciones a favor de los clientes, los accionistas y, sí, los empleados. Pero el liderazgo no es de uno solo; requiere la participación de todos los del equipo para sacarlo adelante. El compromiso en el proceso es esencial. Requiere el compromiso de los individuos a trabajar juntos por el bien del equipo y de la organización.

«Si algo sale mal, lo hice yo. Si algo sale medio bien, entonces lo hicimos nosotros. Si algo sale realmente bien, entonces ustedes lo hicieron. Eso es lo único que hace falta para hacer que la gente gane partidos de fútbol según ustedes».

—Paul «el Oso» Bryant

RENDIR CUENTAS: LA RESPONSABILIDAD ES MÍA

¿Te pondrás en pie y aceptarás las consecuencias cuando las cosas se pongan feas? Por otro lado, ¿tienes la capacidad de apartarte del punto de mira cuando las cosas van bien? Esas preguntas van a la raíz del rendir cuentas: la responsabilidad y el reconocimiento.

A mí no me mires

Los líderes son responsables de las acciones de las personas a las que lideran. Bueno, ¡claro! Esa afirmación se ha pronunciado tan a menudo que se ha convertido en un cliché. Muy mal, porque algunas personas en puestos de responsabilidad deberían ser más sensatos. Déjame darte dos ejemplos.

En agosto de 2007, Richard Myers, ex presidente de la Junta de Jefes de Estado Mayor de Estados Unidos, fue convocado para testificar ante un comité del Congreso que investigaba el tratamiento por parte del ejército de la muerte del cabo Pat Tillman, muerto por fuego amigo en Afganistán. La familia Tillman no fue informada oficialmente de las verdaderas circunstancias de la muerte de Pat hasta cinco semanas más tarde, y ya bien pasados los muy publicitados actos fúnebres. Myers testificó que el ejército no había hecho su trabajo y que era completamente responsable por su negligencia. Sin embargo, se liberó a sí mismo y a los jefes de Estado Mayor de la responsabilidad. Su antiguo jefe, Donald Rumsfeld, también se exculpó.[2]

Los líderes de alto rango distinguen el bien del mal; por eso los ponemos en lugares de responsabilidad. Pero cuando eluden esas responsabilidades y, en el proceso, echan la culpa a otros, sus acciones son reprensibles. En el caso de Myers, el general no estaba en la cadena de mando. Sin embargo, ambos líderes eran de un rango lo bastante alto como para iniciar una investigación cuando hubo problemas; ninguno lo hizo. Entonces, ¿qué podemos aprender de estas dos historias? Mucho.

Actuar como un líder

«Con inquietud reposa la cabeza que lleva una corona», escribió Shakespeare en *Enrique IV*, segundo acto. En otras palabras, no es fácil ser rey. Afortunadamente ya no vivimos en una era de gobierno por primogenitura. Nuestros líderes pueden tomar decisiones, pero cuando de forma consciente y arrogante incumplen las expectativas que tienen sus seguidores, se merecen su destino. Peor aún, dan mal ejemplo a todos los demás que están arriba y a los aspirantes que ven a los peces gordos comportarse mal.

Myers ya se había jubilado cuando el caso Tillman salió a la luz, así que escapó al escrutinio. Pero no es una cuestión de retribución. El liderazgo no trata de hacer lo que está bien. Eso es otro cliché, y uno fácilmente desechado por razones de conveniencia o reputación. Los recuerdos de un estudiante asesinado y de un soldado heroico se merecen algo mejor, y también se lo merecen las organizaciones a las que pertenecían.

Esta misma situación se desarrolló en la Cámara de Representantes de Estados Unidos cuando los líderes republicanos intentaron distanciarse del representante Mark Foley, quien dimitió ante las acusaciones de contacto y relaciones inapropiadas con trabajadores de la Cámara, todos ellos menores de edad. Los delitos de Foley son fáciles de identificar y de condenar. Ver a los líderes de la Cámara señalarse con el dedo unos a otros, diciendo que los demás lo sabían pero que en última instancia no habían hecho nada para detener a un depredador sexual, ilustra el comentario de Lord Acton sobre los cargos públicos: «El poder corrompe y el poder absoluto corrompe absolutamente. Los representantes decidieron proteger primero al partido, y todo lo demás va en segundo lugar».[3]

Situaciones como estas no son casos aislados, como seguramente indican los titulares, sino que una equivalencia moral tiene lugar todos los días en todas las organizaciones. Los líderes de alto rango predican la necesidad de hacer lo que está bien y prometen hacerlo pero, muy a menudo, cuando les aprietan las clavijas, los vemos hacer cosas que contradicen los valores que proclaman. Aunque puede que esa equivalencia sea parte de la naturaleza humana, hay cosas que los directivos pueden hacer para asegurarse de que los valores se mantengan.

Sé tú el primero en rendir cuentas. Rumsfeld se defendió, y por extensión el general Myers, diciendo que el Departamento de Defensa es demasiado grande como para que un solo hombre lo sepa todo. Esa no es la cuestión. Cuando se extienden rumores sobre un caso de gravedad, tú y tu equipo son responsables de descubrir lo que pasa. En referencia al descubrimiento de que la muerte de Tillman se cambió de fuego enemigo a fuego amigo, Myers dijo: «No creo que haya ningún reglamento que me exija hacer nada, en realidad». Ni Myers ni Rumsfeld participaron activamente en el encubrimiento, pero fueron responsables de permitir que la cortina de humo de la ignorancia asfixiara la verdad.[4]

Mantén los ojos abiertos. Ronald Reagan citó un proverbio ruso, «confía pero verifica», a Mijaíl Gorbachov, el último líder de la Unión Soviética. Reagan se refería al desarme nuclear, pero el proverbio también se aplica a los directivos. ¿Deberías confiar en la gente? Por supuesto. Pero hasta que los conozcas, obsérvalos detalladamente. No obstante, no busques solo errores; busca maneras en las que puedas apoyarles cuando tomen decisiones delicadas. Acompáñalos en sus momentos difíciles, así como cuando tengan que subir o bajar de categoría a alguien. Eso también construye la confianza.

Escoge tu momento. El liderazgo se caracteriza por tomar decisiones difíciles en el momento adecuado. Un ejemplo sería cuando el publicista Jeffrey Johnson y el editor Dean Baquet de *Los Angeles Times* se alzaron y le dijeron a la administración de la Tribune Company, dueña del periódico de Los Ángeles, que no recortarían más puestos de trabajo; hacerlo, argumentaban, perjudicaría la capacidad del periódico de ser una publicación de primera categoría. A Johnson lo echaron más tarde por esta insubordinación, pero Baquet se libró del despido. La valentía moral no es una buena elección; es la obligación de todo líder. No llega fácilmente, y no se enseña en los programas de desarrollo para líderes. Se gana en los salones del poder. (A Baquet lo despidieron más tarde y finalmente volvió al *New York Times*, donde había trabajado antes de irse a *Los Angeles Times*.)[5]

Actúa por integridad. Confianza debería ser la palabra clave en toda organización. Pero hay que ganársela. La confianza no llega por ser colega de todo el mundo; más a menudo llega a la hora de la verdad, cuando hay que tomar decisiones difíciles. Este ejemplo se me ha confirmado al ver a más de un directivo apartarse a sí mismo de un trabajo durante una transformación de la organización. La mayoría de las veces la empresa encuentra un lugar para ese directivo, pero no siempre, así que existe un riesgo cuando se pone a la organización en primer lugar. Pero la integridad así lo exige.

Promete una reparación. No basta con decir que lo sientes. Debes hacer algo para corregir la situación. Nos reímos de los famosos que cometen un error y pierden el favor del público, y dicen: «Pido perdón a aquellos a quienes haya ofendido». ¿Por qué viene nuestro cinismo? Porque no hay reconocimiento de responsabilidad ni promesa de hacer las cosas mejor.

Una cosa más: mantente alerta. Los lapsos éticos pueden suceder en cualquier momento y en cualquier lugar. Pensar otra cosa es esconder la cabeza en un agujero. Peor aún, es una invitación a que la gente se aproveche de ti y de tus buenas intenciones. Como hemos visto una y otra vez, los buenos directivos pueden ser saboteados por las agendas personales. Y eso es malo para toda la organización.

Confiesa el problema

Entonces, ¿hay situaciones que requieren que los líderes miren a otro lado? Francamente, ¡no! «Con inquietud reposa la cabeza que lleva una corona», como escribió Shakespeare en *Enrique IV*, segundo acto. La carga del liderazgo es grande. Cuando los líderes intentan evitar la responsabilidad de sus acciones, la organización está condenada, o por lo menos los valores morales lo están. Donald Rumsfeld se enorgullecía de ser un líder fuerte y astuto, pero uno de sus vicios, aunque quizá también algo clave para mantenerse en el poder, era su negativa a aceptar su responsabilidad cuando las cosas iban mal.

Rumsfeld le dijo a Bob Woodward para su libro *Negar la evidencia* que no se ve a sí mismo como un comandante militar, a pesar de su autoridad constitucional. Por lo tanto, según su razonamiento, no es responsable de las acciones en el campo de batalla, especialmente de aquellas que resultan en bajas. Como le explicaba Woodward a un entrevistador, los comandantes honestos siempre reconocerán sus errores; su integridad lo exige y sus tropas lo esperan. Un escapismo así puede ayudar a Rumsfeld a dormir por las noches, pero seguro que no sirve de consuelo a los oficiales y tropas que se encuentran en situaciones de peligro.[6]

Distanciarse de la acción es un fracaso del liderazgo que abre la puerta a la negligencia y, en última instancia, a la falta de responsabilidad. El liderazgo no es un derecho; es un privilegio concedido por aquellos que siguen a los que están al mando. En última instancia se gana, así que cuando los líderes, ya sean corporativos o políticos, intenten eximirse de la cadena de responsabilidad, deberían perder el derecho a la autoridad también. Hay demasiado en juego como para que pase otra cosa.

«La valentía de la vida es a menudo un espectáculo menos dramático que la valentía del momento final; pero sigue siendo una magnífica mezcla de triunfo y tragedia».

—JOHN F. KENNEDY, *RASGOS DE VALOR*, 1956

VALOR: LUCHA POR LO QUE CREES

◼

Buena parte del liderazgo va de dibujar una línea en la arena y ponerse tras ella. Decisiones así requieren fortaleza, fuerza de carácter y puras agallas.

«El valor es la primera de las cualidades humanas —escribió el soldado y hombre de estado Winston Churchill— porque es la cualidad que garantiza todas las demás». Aunque el valor sea la virtud que más admiramos, a menudo damos por sentado que le pertenece a otros más grandes que nosotros. Equiparamos el valor con el heroísmo; es decir, realizar hazañas osadas frente al peligro, como un bombero rescatando a un niño de un edificio en llamas o un médico del ejército corriendo a campo abierto bajo los fulminantes disparos para atender a un camarada herido. Claro que esos son ejemplos de valor en la línea de fuego, pero hay otra forma de valor que, aunque no sea tan heroica ni tan osada, requiere un alto grado de convicción, fortaleza y compromiso. Llámalo valor silencioso. Es lo que mantiene unidas a las empresas con éxito en los tiempos de adversidad.

Ser realista

«El valor —escribió Mark Twain— es la resistencia al miedo, el dominio del miedo, no la ausencia de miedo». Solo los locos no tienen miedos. El valor, entonces, incluye una evaluación realista del riesgo y el fracaso y los peligros inherentes a este. Por ejemplo, cada día los policías se amarran las armas y patrullan las calles de sus comunidades. La mayoría nunca disparará un arma en cumplimiento de su deber (gracias a Dios), pero la probabilidad de que alguien les dispare, o de que tengan que usar su arma en el proceso de mantener la seguridad pública, es parte del trabajo. Requiere valor hacer ese trabajo. Puede que el ámbito corporativo no sea tan peligroso, pero requiere un grado de valor abogar por lo que está bien en un sentido tanto moral como fiduciario. Los directivos pueden fomentar el valor en sus empleados de múltiples formas.

Mantente firme en tus principios. La gente de principios es un activo para la organización. Piensa en la contratación, por ejemplo. El tópico es que se contrata por el carácter y se asciende por las habilidades. Bueno, hay algo cierto en ese axioma. Una manzana podrida en tu organización puede corromper a las demás y dañar la reputación que durante años te has esforzado por ganar. En cambio, las personas que actúan según unos principios cuando se trata de integridad y ética son de la clase que, generalmente, atrae a la gente y da buen ejemplo y, a su tiempo, crean una cultura de solidaridad y compromiso. Por supuesto, hay excepciones; la moralidad es una virtud; la arrogancia moral te destruye.

Defiende las diferencias. Uno de los errores de muchos departamentos es que todo el mundo es igual. Los directivos contratan a personas con las que están a gusto. La armonía es buena, pero cuando todo el mundo piensa, actúa y habla igual, los comportamientos recesivos salen a la superficie. Por ejemplo, se oyen cosas como: «Nosotros no lo hacemos así». «No pienses en ello, simplemente hazlo». O mi favorita: «Tú no eres como nosotros, ¿verdad?» Los jefes que tienen la iniciativa de contratar a personas distintas de sí mismos son líderes que entienden tres ideas centrales:

1. No tienen todas las respuestas.
2. Necesitan personas con habilidades complementarias.
3. Valoran a las personas con distintos puntos de vista.

Esas características no solo benefician a la organización, sino que también benefician al jefe, que a menudo es ascendido.

Conéctate o cancela. Todos tenemos nuestros proyectos favoritos, cosas que hemos llevado desde su origen y durante su desarrollo. Ya sea el perfeccionamiento de un programa, la mejora de un producto o la mejora de un proceso, estos esfuerzos llevan el fruto de nuestro trabajo, así como la inversión de nuestras ideas. Pero, a veces, tienes que retirarte y cancelarlo. Hace unos años, Borders empezó a trabajar en un proyecto de venta en línea. Fue en respuesta a Amazon, así como a un intento similar de su archirrival Barnes & Noble. Bueno, tras millones de dólares invertidos, los altos cargos de Borders en aquel momento cambiaron de rumbo. Cancelaron su propio proyecto de venta en línea y se aliaron con Amazon para las ventas por Internet. Algunos observadores creyeron que Borders estaba loco, pero la decisión demostró ser sabia. Borders se dio cuenta de que su principal potencial competitivo se encontraba en las librerías con espacio físico. Había que tener agallas para cerrar el grifo en línea, pero al hacerlo Borders previno mayores pérdidas y ganó un socio fiable. Borders finalmente rompió su relación con Amazon y lanzó su propia tienda en línea en 2008. De hecho, Borders ha cancelado los proyectos de venta en línea dos veces; una vez el suyo propio y otra vez con Amazon. Puede ser arriesgado, pero la administración de Borders tomó esas decisiones porque parecían ser lo mejor para la empresa así como para los consumidores.[7]

Cancelar puede no ser agradable, pero puede que sea lo correcto. Asimismo, dedicar recursos a poner en marcha una empresa no dará beneficios inmediatos, pero puede que sea la decisión más sabia a largo plazo.

Conoce lo que sabes y lo que no sabes. Winston Churchill, acostumbrado a imponerse, definía un aspecto del valor como «lo que hace falta para sentarse y escuchar». Los jefes tercos creen que deben tomar todas las decisiones; es ese tipo de toma de decisiones el que lleva no solo a errores militares sino también a fracasos de productos. Por el contrario, los líderes sabios entienden que las decisiones difíciles requieren información de todas las fuentes. Los directores ejecutivos que acuden a las reuniones generales y promueven encuentros con grupos pequeños, son líderes que valoran su contacto con las personas de la organización que están más cerca del cliente. La disposición a escuchar diferentes puntos de vista puede suponer la diferencia entre el éxito y el fracaso.

Escoge el momento adecuado. Hay momentos para sacrificarse por el equipo y momentos para cruzarse de brazos y esperar a otro día. Por ejemplo, si no estás de acuerdo con el jefe en un objetivo de rendimiento o en la composición de un equipo, expresa tu opinión. La disensión es sana. Si el jefe escucha, pero se mantiene firme, vive con ello o pide el traslado. Sin embargo, si tienes un jefe que se deleita en acosar a los demás, especialmente a las mujeres, pídele que pare. Si persiste, documenta los detalles, consigue que otras personas apoyen tus acusaciones y organiza una reunión con el jefe. Si esto falla, entonces tienes todo el derecho a denunciarlo ante su jefe, así como ante Recursos Humanos. Su comportamiento no solo entorpece la productividad, sino que arriesga a toda tu organización a una demanda judicial. «El valor —escribió el autor François Fénelon— es una virtud solo en la medida en que esté dirigido a producir».

Mostrando valor en la línea de fuego

Puede parecer que esta lección está exagerando la necesidad de valor. Después de todo, el proceso de gestión del día a día está enfocado, de forma correcta, en conseguir resultados. Cómo consigues esos resultados requiere paciencia, persistencia y tenaz determinación. La diligencia en la tarea entre manos tiene más que ver con un compromiso con el proyecto que con ser fiel a las convicciones. Por ejemplo, reunir un equipo de proyecto para realizar una actualización de la red informática es una cuestión de escoger a personas con los talentos y las destrezas adecuados para hacer el trabajo. No es valiente, sino necesario.

Pero la valentía silenciosa continúa siendo esencial en el lugar de trabajo. «Sin valor —escribió el filósofo jesuita del siglo diecisiete Baltasar Gracián— la sabiduría no lleva fruto». El valor es un rasgo del liderazgo personal que asegura la capacidad de tomar las decisiones correctas, así como la capacidad de dar buen ejemplo a los demás. El valor se hace especialmente evidente en los momentos de estrés. Cuando las personas ven a sus líderes tomando decisiones difíciles, se llenan de valor para hacer lo mismo. El valor es fundamental para la cohesión que se basa en principios, no en la conveniencia. El primero es un pilar de la fuerza de la organización; la última puede ser la fisura que resquebraje los cimientos. Por lo tanto, cuanta más valentía muestras cuando realmente importa a los empleados, clientes y accionistas, mayor unidad consigues. Una unidad así puede suponer la diferencia entre el éxito y el fracaso cuando las cosas se compliquen de verdad.

«Los grandes hombres nunca se creen grandes. Los hombres
insignificantes nunca se creen insignificantes».
—PROVERBIO CHINO

COMPRUEBA TU EGO

∎

*La soberbia es la arrogancia puesta en acción. Ciega al
líder no solo ante sus propias acciones, sino también ante
el efecto de esas acciones sobre los demás.*

Cuando el legendario lanzador de béisbol Roger Clemens subió a lo alto del
monte en el que se asienta el Capitolio de los Estados Unidos en febrero de
2008 estaba que ardía, como siempre que se subía al montículo en sus días
de jugador. Su primera frase ante el Comité de la Cámara para el Control y la
Reforma del Gobierno fue de un Roger en estado puro: desafiante, rozando
la arrogancia. Era el despiadado Clemens al que nos habíamos acostumbrado a ver en el campo. Allí arriba, en el montículo, no se apiadaba de
nadie. Cuanto más duro fuera el bateador, con más fuerza y más dificultad
lanzaba él. Roger era el rey en aquel monte. Pero no en este monte.

Entonces, ¿cómo le fue a Roger? Sus respuestas, al contrario que su frase
inicial, fueron enrevesadas e inconcluyentes. Fue indirecto y evasivo en ocasiones. Clemens incluso lanzó exclamaciones sobre trabajar duro y admitir
que su gran debilidad era confiar demasiado en la gente. Si hubiera lanzado
en su carrera como habló aquel día, nunca habría salido de la liga *ama-
teur*. En resumen, su actuación fue tan mala que su compañero de equipo y
protegido, Andy Pettitte, que había admitido que tomaba hormonas en un
testimonio previo, pareció tremendamente positivo. Fue el testimonio de
Pettitte el que hizo que Roger pareciera deshonesto, especialmente cuando
dijo que su amigo había «malinterpretado» una supuesta conversación sobre

las hormonas. Los miembros del comité alabaron a Pettitte como a un buen hombre, aunque ni siquiera estaba en la sala.

Clemens fue tan inepto que su principal acusador, Brian McNamee, traficante de esteroides, confeso con un pasado dudoso, parecía creíble. McNamee habló directamente de inyectar a otros jugadores, incluyendo, lo más sorprendente de todo, a la esposa de Clemens, Debbie. Clemens intentó sacudirse las acusaciones del mismo modo en que se sacudía a los *catchers*. Pero no estaba en su montículo; estaba en «el Monte del Capitolio». Y Roger no era el lanzador, lo eran los representantes. En definitiva, Clemens hizo poco, si acaso algo, por limpiar su nombre. El futuro de Clemens en el deporte, que había dominado durante tanto tiempo, era dudoso.

«Siento que hayamos celebrado esta vista —dijo Henry Waxman, presidente del Comité de la Cámara para el Control y la Reforma del Gobierno—. Y la única razón por la que hemos celebrado esta vista es porque Roger Clemens y sus abogados insistieron en ello».[8]

Culpable del cargo

La soberbia no está reservada a los jugadores de béisbol. Los políticos son practicantes destacados; muchos adoptan una postura de afectación continuamente, fingiendo que van por el camino del éxito cuando es el camino de la corrupción por el que en realidad viajan. Los líderes en los negocios son igualmente culpables. Cuando el lanzamiento de un producto fracasa, una campaña comercial hace aguas o una política se va a pique, se cruzan de brazos y se niegan a ceder. Hemos visto a más de un director ejecutivo negarse a dejar su puesto hasta que es expulsado por la fuerza; se aferran a la creencia de que ellos y solo ellos pueden o bien salvar la empresa o librarla de pérdidas mayores. Rara vez resulta así. ¿Significa eso que los políticos y los hombres de negocios tienen que doblegarse ante la opinión pública? No, pero como supuestos líderes tienen que escuchar las críticas.

La *soberbia* es un fallo humano; los griegos inventaron la palabra *hybris* [soberbia] y los dramaturgos griegos la usaron a menudo en sus tragedias. La mayoría de nosotros, mortales, somos culpables de ella. Y negar esa culpa es un acto de soberbia en sí mismo. La soberbia es un acto controvertido; cuando los líderes cometen errores y no lo reconocen, pero castigan a otros por faltas similares, son culpables del «complejo de superioridad», es decir, que las normas no se aplican en mi caso. Una arbitrariedad así socava la estructura moral de una organización. Por lo tanto, debemos reconocer nuestra soberbia y protegernos de ella. Los directivos, especialmente aquellos que se han formado a sí mismos según un modelo de directores ejecutivos que pecan de soberbia, son particularmente vulnerables. Proyectar la soberbia es una forma segura de caerle mal a tu gente y, de paso, no alcanzar tus objetivos. Cuando pase eso, puede que te encuentres buscando otra forma de empleo. Las colas del paro pueden ser el último refugio para aquellos que llevaron su soberbia demasiado lejos. He aquí algunas cosas en las que enfocarse.

Abre la puerta. Los directivos que caen presa de la soberbia son a menudo aquellos que están aislados. Administran tras un escritorio o tras unas puertas cerradas. A menudo ese es un comportamiento aprendido; sus jefes se lo hacían a ellos así que ni siquiera intentan cambiar el modelo. Como resultado, mandan como un rigorista: mi mando o ninguno. Soberbio, sí, pero también autodestructivo. Se convierten en prisioneros de sus propias capacidades; no invitan a otros a compartir responsabilidades. Y cuando las cosas se ponen feas, se comportan de forma cada vez más insolente. No solo se dañan a sí mismos: dañan su capacidad para conseguir resultados.

Busca alternativas. El gobernador Arnold Schwarzenegger llegó a la oficina de gobierno de California como candidato alternativo. Como ex actor, utiliza su atractivo de estrella de cine para vencer a la oposición. Invita a personas de fuera del gobierno a contribuir con ideas para las muchas crisis de California. Al mismo tiempo, renunció a oponerse al partido demócrata apelando directamente a la gente. Demuestra que tiene una mente abierta en algunos temas y está dispuesto a escuchar. Como resultado, en su primer año de gobierno California recuperó parte de su equilibrio, y el *Gobernator* conservó el apoyo público. Los directivos que están dispuestos a ver a las personas con puntos de vista divergentes como recursos, en vez de enemigos, tienen más probabilidades de conseguir que las cosas se hagan más rápido, mejor, e incluso de forma más imaginativa.

Sé humilde. Últimamente la política le ha pasado factura a Schwarzenegger; su encanto se está desgastando y la gente quiere resultados, los cuales, dadas las graves restricciones del presupuesto estatal de California, costará conseguir. Un poco de humildad vendría bien. En este sentido, el ejemplo de un anterior gobernador de California, Ronald Reagan, vendría bien. Reagan tenía bastante confianza en sí mismo, perfeccionada por sus años como actor y líder de la unión, para trabajar con la oposición como gobernador y como presidente. Ningún líder tiene todas las respuestas, ni debería pretender tenerlas. La humildad invita a las personas a ponerse a tu lado; quieren ayudarte, algo que todo directivo, desde un director ejecutivo hasta un supervisor del turno de noche, necesita.

Ir más allá de los sentimientos

El sentimiento que subyace a la soberbia es el orgullo. No hay nada malo en mostrar orgullo cuando sea adecuado. Por ejemplo, cuando alcanzas un objetivo de equipo, ve y grítalo. Si entregas un proyecto a tiempo y dentro de presupuesto, golpéate el pecho. Y si reduces los defectos a un nivel indetectable, salta y lanza el puño al aire. Te mereces estar orgulloso, e incluso alardear un poco. Eso también es muy humano, y muy reconfortante para el espíritu humano.

El desafío es otro subproducto de la soberbia. Cuando sabes que has tomado la mejor decisión posible, y te avalan tanto los hechos como parte de tu gente, es correcto mantenerse firme y desafiar las circunstancias adversas. La historia económica es un caso de estudio de empresarios que desafiaron las circunstancias adversas. Nadie se lo puso fácil, y triunfaron. Sin embargo, si su celo empresarial llega tan lejos que solo creen en sí mismos y en nadie más, la soberbia es la que manda. Cada uno de estos empresarios recibieron su merecido una o dos veces pero fueron capaces de salir adelante, en parte por aceptar otros puntos de vista.

Ser demasiado desafiante, incitado por un orgullo excesivo, te hace caer en la trampa de la soberbia. Lo triste de la soberbia es que haces algo más que dañar tu capacidad de liderar: atas las capacidades de tu gente. Los encadenas a tu ego para que no tengan más alternativa que seguir tus pasos, aunque les estés guiando por un camino oscuro. Algunos de los criminales de guante blanco que se vieron cumpliendo condena fue por esta trampa: la soberbia y seguir un mal ejemplo en un mal momento. No toda soberbia te lleva a la cárcel, pero puede conllevar consecuencias negativas: fechas de entrega pasadas, proyectos fracasados y empleados desencantados y poco comprometidos. Cuando pasa esto, la confianza se deshace y los resultados se evaporan. Es un fracaso del liderazgo que se podría haber evitado solo con que el líder hubiera escuchado más o hubiera sido menos tozudo. Pero, lo dicho, ¡eso es soberbia!

«Cuando naciste, tú lloraste y el mundo se alegró. Vive la vida
para que cuando mueras el mundo llore y tú te alegres».

—WHITE ELK

MÍRATE BIEN EN EL ESPEJO

■

Conocerse a uno mismo es fundamental para liderar a otros.
Examinarse a uno mismo es un buen hábito que adquirir.

Durante siglos los amantes han aprovechado la ocasión del día de San
Valentín para expresar su amor eterno el uno por el otro. Howard Schultz
aprovechó esa fecha en 2007 para expresar otra clase de amor: un amor
difícil, quizá, por la pasión de su vida, Starbucks. Schultz, entonces presidente, envió una nota a su equipo directivo expresando su preocupación
de que el crecimiento hubiera, quizá, adulterado la experiencia Starbucks.
Con Schultz la empresa pasó de un solo establecimiento en Seattle a más
de 13,000 establecimientos en todo el mundo, con planes que iban más allá
incluso de triplicar el número de locales. Casi un año más tarde, en enero de
2008, Schultz escribió otra carta, esta vez anunciando que volvía a aceptar
un puesto de director ejecutivo. Este nuevo rol le proveería de una posición
con más participación directa en el liderazgo de la transformación que creía
que era necesaria para reavivar la empresa.[9] Luego, en febrero de 2008, cada
establecimiento cerró tres horas una tarde por una jornada de formación en
técnicas de preparación de bebidas Starbucks y expectativas de los clientes.[10]

Haciendo las preguntas difíciles

Te guste el café o no, hay que concederle a Schultz el mérito por tener las
agallas para alzarse y analizar en profundidad el negocio que ayudó a

desarrollar. Muy pocas personas en su posición lo hacen. Como resultado, el negocio pierde el norte y, al final, deja de servir a los clientes. Mirarse en el espejo es una metáfora adecuada y es la que usa Robert S. Kaplan en un artículo para el *Harvard Business Review*. Kaplan incluso propone preguntas de autoevaluación relativas a la visión, las prioridades, gestión del tiempo, planificación de la sucesión y valores fundamentales. Mirarse al espejo requiere agallas; escuchar lo que te dice tu instinto es más difícil aún. Schultz, que también evocaba la metáfora del espejo en su nota, no está satisfecho, pero no está quejándose por eso; está retándose a sí mismo y a su equipo a centrarse en sus prioridades y seguir conservando su pasión y sus principios.[11]

Los directivos pueden aprender del ejemplo de Schultz. A continuación, algunos pensamientos para reflexionar cuando estés frente al simbólico espejo.

No parpadees. Echa un vistazo honesto a tu equipo. Pregúntate si están persiguiendo los objetivos y metas que has establecido para ellos. Si no, pregúntate, como sugiere Kaplan, si has «identificado y comunicado de tres a cinco prioridades para alcanzar» la visión para tu organización. La mayoría de los directivos hacen una de estas dos cosas: asumir que la visión está reservada para los altos cargos o mencionarla una vez y luego olvidarse de ella. No; tienes que hacer que la visión y las prioridades subsiguientes sean reales y tangibles para tu equipo.[12]

Cede un poco, soluciona algo. Nadie es perfecto. Tienes tus defectos en cuanto a tus hábitos de trabajo y probablemente tu equipo haga cosas que no te gustan. Ten una conversación sobre el cambio. Cede un poco y decide cambiar algunas cosas. Por ejemplo, si tu equipo te pide que te apartes y los dejes trabajar, hazlo. A la vez, puedes pedirles que te mantengan informado. Y si las cosas se tuercen, hazles saber que quieres que te informen inmediatamente, no para acusar, sino para ayudar y solucionar el problema pronto.

Rompe algo de cristal. Pero no el espejo. Durante la primera parte de la era de la aviación, General Electric era un segundón. El ejecutivo de una aerolínea comentaba: «Cuando quiero una bombilla elijo la de GE. Para el motor de los aviones me quedo con Pratt & Whitney». Un ejecutivo, Brian Rowe, se tomó ese tipo de afirmaciones despectivas como un reto. Como presidente del negocio de motores de aviación de GE, Rowe dirigió el desarrollo y las ventas del GE90, el gigante de los motores de su clase. Cuando propuso que el *Boeing* usara este motor en su entonces nueva aerolínea, el 777, dijo: «Es el momento de hacer volar juntos nuestros negocios. Es una responsabilidad del liderazgo para todos nosotros». El 777 fue un gran triunfo, y el GE90 fue una importante razón de ese éxito.[13]

Vivir según lo que aprendes

Hacer examen de conciencia es duro, y a veces puede que las respuestas que recibas no sean las que esperas. El consejo de administración de Louis Padnos Iron and Metal Company, una empresa pequeña pero próspera, de gestión privada, de reciclaje de metal en Holland, Michigan, se enfrentó a un dilema. Los directivos, todos miembros de la familia de tercera generación, se están acercando a la edad de jubilación. Sus herederos, la cuarta generación, no están preparados para asumir el control. ¿Qué hacer? Ceder el control a los contratados, los gestores actuales. Para algunas empresas la transición sería perfecta.

Los Padnos son judíos y sus empleados son en su mayoría cristianos conservadores. Los Padnos creen que «llevar bien los negocios realmente es como la religión aplicada». Tienen una mentalidad social y son activistas por naturaleza, pero su trato a los empleados no es nada inteligente. «Es una relación padre-hijo —dice un directivo—. No creo que seamos tan cerrados de mente como creen. Contratan a personas conservadoras. Quieren que apreciemos la mentalidad liberal». En un acto tremendamente inusual, la familia Padnos contrató a un profesor de clásicas para impartir un curso de humanidades como medio para ayudar a sus directivos a expandir su cosmovisión.[14]

Para los líderes que intentan equilibrar los valores y los beneficios, mirarse en el espejo no es un ejercicio de autoadmiración. Puede ser un examen de conciencia que arroje algunas respuestas difíciles, de las que dañan el orgullo y trastornan prácticas apreciadas. Estos líderes introspectivos que triunfan con el tiempo son los que han enfrentado esas preguntas honesta y hábilmente, y por el camino continuaron haciendo preguntas. En el proceso han mantenido a sus empresas enfocadas y encaminadas.

«En la práctica de la tolerancia nuestro enemigo es el mejor maestro».

—DALAI LAMA

PACIENCIA, PACIENCIA

■

El ritmo de trabajo nos empuja a conseguir más en menos tiempo. Puede que eso sea bueno a corto plazo, pero pasa factura a la larga.

El otro día me dieron una lección en el campo de golf. No, no fue con un entrenador de golf, fue con un cliente. La ocasión fue un día inusualmente cálido en enero, lo que quiere decir que la temperatura estaba por encima del punto de congelación, así que los golfistas tenaces nos apresuramos al campo descubierto con sistema de calefacción para poner de nuevo en forma nuestros golpes. La gente esperaba un buen rato para tener la oportunidad de entrar al campo y jugar. Si hubiera sido verano nadie hubiera esperado, pero como era el primer día por encima de la temperatura de congelación tras varias semanas, los golfistas estaban conformes con esperar. Todos excepto yo.

Ser paciente

El golf es un juego de etiqueta. En la base de la etiqueta de ese juego está la cortesía hacia los compañeros golfistas. No se habla cuando alguien está dando un golpe, no se irrumpe en el grupo que va delante, y se deja paso a los golfistas que están en el *green*. La paciencia es fundamental. Me parece bien esperar, pero tengo poca paciencia con los golfistas que no respetan la etiqueta del juego. Así que cuando los golfistas en un campo abarrotado golpean varias cestas de bolas, charlan con sus amigos o ignoran las colas de espera, me empiezo a impacientar.

Le mencioné esta descortesía a un cliente que coincidió conmigo, y me echó una mirada y dijo: «¿No tienes cosas más importantes de las que preocuparte?» Me puso en mi sitio, y con razón.

Eso me hizo pensar en que así como la paciencia es parte del golf, es también parte del liderazgo. Los líderes deben desarrollar el sentido de la paciencia porque es la virtud que les permite demostrar su autenticidad, la conexión entre una persona y otra. Para ser honesto, no es sencillo estar en la cima. La gente se somete a ti, sí, pero también tienes grandes responsabilidades. Y cuando las cosas no se hacen exactamente a tu manera, como pasa en la gestión muy a menudo, pierdes la calma. ¡Ya vale! Tienes derecho a irritarte si la gente está holgazaneando o si no está siguiendo tus instrucciones, pero si las están siguiendo (y la mayoría de las veces están trabajando a pleno rendimiento) entonces la culpa recae sobre la cadena de gestión. Puede que la gente esté sobrecargada, o que no estén seguros de lo que se espera que hagan. En otras palabras, es culpa del líder, así que, ¿por qué volcar esta frustración sobre los demás cuando es a ti mismo a quien deberías corregir? Entonces la paciencia entra en escena. Te capacita para establecer un diálogo con un empleado y preguntarle qué está pasando. Y, lo que es más importante, puede preguntar cómo tú, el líder, puedes hacer mejor las cosas.

La paciencia refuerza la cordialidad. Necesitas que la gente se lleve bien en el puesto de trabajo si quieres que trabajen juntos para realizar una tarea. Es importante tener cierto grado de armonía para fomentar la cooperación. Estas son algunas formas de respetar la paciencia a la vez que presionas para que se hagan las cosas.

Respira hondo. Cuando las tensiones se acumulen, apártate un poco y respira profundamente. Pide tiempo muerto para ti. Evalúa lo que está pasando. Considera quién está diciendo qué y por qué lo está diciendo. En vez de echar más leña al fuego, aprovecha el tiempo muerto precisamente para eso, para parar el tiempo. Cuando la gente te pregunte algo, responde primero con una sonrisa. Si te presionan mucho por algo, no pagues con la misma moneda. Habla con suavidad. Eso a menudo puede desarmar a la persona que está haciendo presión. Cuando te tomas las cosas con calma das buen ejemplo a tu equipo.

Respeta los puntos de vista divergentes. A menudo las frustraciones surgen porque las cosas no se hacen a nuestra manera. Los directivos son conocidos por este tipo de comportamiento. Sentados como están en la cima de la pirámide del personal, la sumisión de los demás les lleva a creer que son sus ideas las que impulsan a la empresa hacia adelante. ¡Un sinsentido! Los líderes que dedican tiempo a escuchar (y, sí, es difícil porque lleva tiempo) son los que explotan su mejor recurso: los talentos y la energía de su personal. Al aprender de los demás, el jefe está capacitando a otros para que contribuyan. Ninguna empresa se organiza sola; la organiza un colectivo. Si el colectivo engloba visiones diferentes es probable que esté más en sintonía no solo con su personal sino también con sus clientes. Y en los momentos difíciles puede tener más resistencia y sensibilidad porque se beneficia del poder de muchos, no de uno solo.

Revela fortaleza. Tomarse un momento para demostrar paciencia no es un signo de debilidad; es una demostración de fuerza, una fuerza edificante. Por ejemplo, si un empleado mete la pata y espera que el jefe se lo coma vivo, y en vez de eso el jefe establece un diálogo, el empleado suspirará aliviado (su trabajo está a salvo) pero también percibe otra cosa: que sus contribuciones son dignas de reconocimiento porque el jefe está pasando tiempo con él. Situaciones como esta se extienden como la espuma y van de boca en boca por la compañía. El jefe se convierte en un héroe, en alguien que da la cara por su gente. Esto también hace crecer la confianza.

El momento de la impaciencia

Puede que la paciencia sea una virtud, pero no es verdad que la impaciencia sea siempre un vicio. Hay momentos en los que el líder está más que justificado para expresar descontento con el ritmo de trabajo, específicamente cuando la gente esté informada y tenga el apoyo adecuado. Cuando el rendimiento empeora y al jefe lo pilla por sorpresa, entonces tiene derecho a enfadarse. La paciencia con la pereza y la inacción no es algo deseable. Entonces la paciencia pasa de ser una virtud a no tener ni idea; es decir, comunica que o bien al jefe no le importa o no sabe cómo solucionar el problema.

Sin embargo, si el líder está haciendo su trabajo, es decir, está proveyendo de guía de acuerdo con la visión y la misión, entonces la paciencia es primordial. Cuando el líder dedica tiempo para tomarse las cosas con calma, y muestra respeto tanto por las gráficas de crecimiento como por los retos abrumadores, les demuestra compañerismo a sus seguidores. Cierto, puede ser tentador perder los estribos pero, ¿dónde te llevaría eso? Es un alivio echar humo, sí, pero si ese humo no es suficiente, ahumarás a los que estén cerca. Si quieres que la gente vaya por donde tú guíes, la empatía a menudo es mejor que nada. Eso no quiere decir que te vuelvas blando. Aférrate a tu determinación y tirarás de la gente hacia ti. Y más pronto que tarde las cosas se harán correctamente. Lo único que hace falta es un poco de paciencia.

«Quien no tiene fuego en su interior no puede calentar a otros».

—**Proverbio suizo-alemán**

HAZ QUE SE NOTE TU PRESENCIA

■

Llámalo encanto, fascinación, o simple atractivo, la presencia es un factor del liderazgo que no todos pueden poseer. Como un perfume caro, debe utilizarse en pequeñas cantidades y con gran cuidado.

No hace mucho visité a un amigo en su despacho y como parte de mi visita decidió enseñarme las oficinas y presentarme a algunas personas. Lo que mejor recuerdo de la excursión no son las instalaciones ni los amigos, sino el comportamiento de los demás hacia mi amigo. Allá donde fuera, por el pasillo, en un despacho, o en la calle, lo saludaban con la mano, lo recibían con una sonrisa, le daban un fuerte apretón de manos, o hasta le pedían que les pusiera al día sobre el negocio. Mi amigo es un superior de una empresa de servicios profesionales, pero no es director ejecutivo, por lo que la gente no le estaba haciendo la pelota, ni intentando impresionarme.

En realidad, esas reacciones espontáneas manifestaban con más claridad que mi amigo era respetado y apreciado. Sus compañeros mostraban visiblemente que tenían confianza en él como líder, aunque no tuviera autoridad jerárquica sobre ellos. Mi amigo es alguien que lidera con el ejemplo y, por tanto, genera buenos sentimientos porque cumple su palabra y cumple con sus clientes también.

Irradiando confianza

Muy a menudo los directivos jóvenes preguntan cómo pueden demostrar el liderazgo en el lugar de trabajo. Quieren que se los vea como competentes y capaces, pero también necesitan aprender conducta, es decir, cómo comportarse. Los directivos jóvenes harían bien en observar a mi amigo, pero estoy seguro de que existen muchos buenos ejemplos en sus propios lugares de trabajo. El reto es encontrarlos y luego fijar los ojos en ellos y mantener los oídos abiertos. Te enseñarán mucho.

La observación es una de las maneras en que las lecciones de liderazgo genuino pasan de directivo en directivo, de empresa en empresa y de generación en generación. Lo que tienen todos los buenos líderes es un sentimiento de confianza que proviene de que saben lo que hacen y de que otros así lo crean. Una confianza así crea una presencia, o un aura. Veamos cuatro maneras de aumentar tu presencia.

Está presente. Los directivos jóvenes que quieren dejar huella necesitan que se les vea y se les oiga. Considera esto un estado de presencia. Peter Senge y sus compañeros han explorado el concepto de «presentismo», es decir, estar conectados con otros así como con la organización.[15] Tienes que estar comprometido en el momento para poder hacer contribuciones a lo que está pasando ahora y en el futuro. Por ejemplo, si eres analista de sistemas tienes que realizar el trabajo, pero si quieres que se te vea como alguien con potencial tienes que hacer contribuciones que demuestren que sabes pensar de forma crítica, resolver problemas e incluso mirar al futuro.

Sé cordial. Nunca infravalores el poder de una sonrisa. Los que sonríen mucho (y no me refiero a los simplones aquí) son optimistas. Ven el lado bueno de las cosas. Como resultado, atraen a la gente hacia ellos. ¿Por qué? Porque nos gusta estar cerca de la gente agradable. La cordialidad es más que sonreír; es también cortesía común. Es decir, sujetarle la puerta a alguien, levantar una caja u ordenar la oficina. Cosas sencillas, sí, pero acciones llenas de significado.

Sé accesible. Estar dispuesto a echar una mano en un trabajo o estar dispuesto a escuchar a un compañero con una pregunta demuestra que te interesan las demás personas. Entiendes que el trabajo no es solo procedimientos y procesos; es, en gran medida, la interacción humana que lo impulsa. Olvida el factor humano y las cosas se torcerán. En el caso de mi anfitrión, él siempre estaba disponible para los demás; por eso continuamente lo llevaban aparte los compañeros que querían ponerle al corriente de algo o pedirle su opinión. Confiaban en él.

Sé voluntarioso. El liderazgo no está definido; es una cuestión de ver lo que hay que hacer y hacerlo. Pueden ser cosas simples, como arreglar la oficina. Una mano fresca de pintura, carteles nuevos en la pared o incluso muebles nuevos harán que la gente se tome mejor el ir a trabajar. Una disposición así puede llevar a grandes cosas, como ofrecerse voluntario para liderar el siguiente gran proyecto. Preséntate como la persona que puede reunir recursos y personas para conseguir que ocurran cosas. Si has demostrado el liderazgo en las cosas pequeñas, eso les indicará a los demás que estás preparado para manejar más responsabilidades.

Practicar lo que se predica

La presencia solo te llevará hasta cierto punto. Tienes que «practicar lo que predicas». Larry Bossidy cuenta una historia sobre su carrera en General Electric. Aunque se le consideraba un directivo competente, Bossidy dice que un punto en su contra era que «carecía de experiencia». Se prometió a sí mismo que si alguna vez llegaba a tener un alto cargo contrataría a un puñado de directivos inexpertos pero capaces, solo para demostrar que la falta de experiencia no era un obstáculo. Bossidy hizo eso exactamente, confesó jocosamente; su experimento no resultó como estaba planeado. Demasiada falta de experiencia abrumaba todo lo que intentaba conseguir. Los líderes tienen que cumplir lo que prometen. Bossidy, por supuesto, lo hizo durante su carrera en GE, y más tarde en Allied Signal and Honeywell.[16]

El aura del liderazgo se perfecciona, sí, pero hay que ganarla con la experiencia y demostrarla a diario con el ejemplo. Proyectar dicha presencia es importante, no por un sentido de presunción sino por un sentido de liderazgo genuino. Los líderes no actúan solos durante mucho tiempo; su valor real está en dirigir, guiar e inspirar a otros. Esas actividades no pueden tener lugar a no ser que los líderes estén dispuestos a salir de sí mismos y proyectar la capacidad y competencia para que otros sientan que merece la pena seguirles. Eso solo ocurrirá cuando el líder utilice sus habilidades y su personalidad para conectar con otros personalmente. «Se puede comprar el tiempo de una persona; se puede comprar su presencia física en un lugar dado [...] —dijo Clarence Francis, antiguo director ejecutivo de General Foods—. Pero no se puede comprar el entusiasmo. No se puede comprar la lealtad. No se puede comprar la devoción de los corazones, las mentes y las almas. Hay que ganárselos». Una conexión así pone los cimientos para la confianza y, finalmente, el seguimiento.

Parte II

Representa tu papel

¡LOS LÍDERES LO HACEN! Hacen que las cosas se hagan realidad. Deben establecer la dirección correcta, pero hacen algo más que señalar. Caminan, y también empujan, impulsan, estimulan y tiran hacia una meta concreta. Todo comportamiento del líder (comunicación, delegación, toma de decisiones, supervisión, lo que se te ocurra) entra en escena.

«El día que tus soldados dejen de venir a ti con sus problemas es el
día en el que has dejado de liderarles».
—COLIN POWELL

COMUNICA, COMUNICA, ¡COMUNICA!

■

La comunicación es un reflejo del alma del liderazgo. Es el medio por el
que los líderes conectan con sus seguidores, y a ellos con los líderes.

La comunicación rara vez viene dada; siempre hay que ponerla en práctica. Se ha convertido en un cliché, por desgracia. Una de las principales causas del bajo rendimiento de las organizaciones es el fracaso de las comunicaciones. A menudo ese fracaso tiene poco que ver con las palabras. Tiene todo que ver con la actitud y la perspectiva.

La comunicación es algo más que la articulación de un mensaje, tomar tiempo para escuchar o hasta aprender de la observación. Va al fondo de la esencia de lo que es en realidad la comunicación de un líder. Y eso es la conexión. Es responsabilidad del líder estar presente para dar orientación, escuchar lo que la gente tenga que decir, buscar las opiniones de los demás y aprender lo que se podría o se debería hacer.

La comunicación como conexión

La comunicación como conexión comienza con palabras, sí, pero también incluye dos proposiciones muy importantes. Una es la capacidad para interpretar a las personas. La segunda es la capacidad de liderar con el ejemplo. Por ejemplo, cuando la empresa se va a pique los directivos tienen que asumir el mando. Tienen que ser capaces de evaluar la situación y determinar si las personas correctas están en los puestos adecuados para hacer el trabajo. Segundo, los directivos tienen que emprender acciones para enderezar el barco inmediatamente. En el fútbol americano profesional, por ejemplo, eso a menudo significa sentar a algunos jugadores en el banquillo, echar a otros y convocar a suplentes del equipo de entrenamiento. No es tan sencillo en la administración de empresas; quizá no puedas despedir y contratar, pero puedes barajar las cartas hasta que la persona adecuada esté en cada puesto. Estas son algunas cosas a tener en cuenta.

Interpreta a las personas. Los políticos de éxito son maestros en interpretar a la gente. Franklin Roosevelt y Lyndon Johnson fueron dos de los mejores en esto. Podían formarse un juicio sobre un individuo y luego saber cómo alcanzar a ese individuo para hacer que quisiera hacer lo que había que hacer. Roosevelt lo hizo una y otra vez cuando establecía contactos con la comunidad financiera durante la Gran Depresión para conseguir que Estados Unidos volviera a funcionar. Johnson empleó esta técnica en encuentros individuales con los senadores y nunca con mayor maestría que cuando, siendo presidente, impulsó el proyecto de ley por los derechos civiles. Los directivos pueden aprender a interpretar a su gente escuchando lo que tienen que decir y descubriendo los «factores de motivación» que mueven a las personas a la acción (p. ej., oportunidad, promoción o recompensa económica).

Interpreta la situación. Conoce lo que está pasando. Los directivos tienen que mantener el contacto con su gente de manera regular. En las actuales organizaciones matriciales, o cuando los directivos tienen que viajar a menudo, mantener el contacto puede ser todo un desafío. Necesitas saber lo que está haciendo la gente, pero también lo que está pensando. Pregúntales cómo mejorarían las cosas o qué retos ven aproximarse en el horizonte. A menudo, la gente de la base sabe más de microtendencias (p. ej., lo que pasa con los clientes o los mercados) que la gente de la cima. Los directivos que están de viaje hacen un uso extensivo de las comunicaciones virtuales con el correo electrónico y los mensajes telefónicos para mantener el contacto.

Priorizar los mensajes según la urgencia es otra forma de seguir en sintonía estando lejos.

Interpreta la lista de acciones. Una vez que conozcas a quién tienes en el equipo y cuáles son los retos, puedes establecer las acciones a desarrollar. Idealmente, quieres que todos los del equipo participen en este esfuerzo; las ideas de rincones muy distintos fomentan la unidad, así como el sentido de propiedad. Luego debes poner en práctica las acciones definidas. Léelas a menudo y dáselas a conocer a todo el mundo. Continúa con la lista hasta que esté completa. Eso implica un seguimiento constante, que no es lo mismo que la microadministración; es cuestión de ser un administrador profesional para determinar si la gente está haciendo lo que se han comprometido a hacer. De esa forma estás convirtiendo tu interpretación de las personas y las situaciones en un cierre del ciclo para conseguir los resultados prometidos.

Escucha lo que está pasando. Eso es, entérate de lo que está diciendo la gente y descubre por qué. Comer en la cafetería o tomar un café en la sala de descanso, o hasta ir a tomar un refresco después del trabajo te pondrá al tanto de lo que dice la gente. Compara lo que oyes con lo que dicen los altos directivos. ¿Hay sincronía? Si es así, genial. Si no, normalmente será porque las personas en los puestos más altos han demostrado ser menos que confiables. Sus mensajes suenan huecos y por eso la gente no cree. Esto puede ser especialmente grave en tiempos de crisis. Incluso las buenas estrategias pueden ser saboteadas por la mala comunicación, así que los directivos tienen que hacer lo que puedan por cumplir con las intenciones sin preocuparse de la política. Es decir, ignorar el hecho de que quizá el director ejecutivo no esté al corriente y ponerse manos a la obra. Hacer cualquier otra cosa es arriesgar a que fracase toda la organización.

Alinea la cúpula con la base. Una razón por la que algunas estrategias fracasan es porque la gente no entiende sus roles, ya sea por un mal flujo de información o por una ignorancia consciente de las instrucciones corporativas. En cualquier caso, la desalineación destruirá la eficacia corporativa más rápido que cualquier otra cosa. Cuando los altos directivos implantan una estrategia solo para abandonarla poco tiempo después, la organización pierde el enfoque y la dirección, y sus empleados pierden la fe. Mantener a la gente en sintonía es esencial; aprovecha el boca a boca para autentificar los mensajes de la directiva con ejemplos sacados de la vida real de cómo la estrategia está funcionando y por qué lo está haciendo.

Crea un círculo. Cuando Frances Hesselbein era directora ejecutiva de las Girl Scouts en Estados Unidos implantó un marco de supervisión que llamó «gestión circular». El líder estaba colocado en el centro de los organigramas.[1] La centralidad del líder, y la falta de jerarquía, promovía el compartir información así como una conexión más genuina. Frances era accesible porque era central. Andy Grove dirigió Intel como director ejecutivo desde su cubículo, localizado en medio de la planta. Michael Bloomberg ha adoptado el mismo método como alcalde de la ciudad de Nueva York; es una continuación del modo en que llevó su empresa. Cuando estás en la planta, estás al mismo nivel. Ves y oyes las cosas como tus empleados. Los mensajes fluyen de forma horizontal y, finalmente, de forma circular. Tú estás en el centro.

Emprender la acción

Por mucho que quieras conectar con la gente a nivel individual, cuando una organización está en peligro (como cuando fracasa un producto o un servicio es defectuoso) y la reputación de la compañía está en juego, los líderes tienen que dar un paso al frente y emprender acciones inmediatas. A veces puede que ladren órdenes, que no escuchen e incluso que no aprendan, pero están actuando para marcar una diferencia positiva. No se puede dirigir una organización por mucho tiempo de esa forma, pero se puede a corto plazo, y tan pronto como la tormenta se calme se puede comenzar el proceso para reconectar con los individuos y los equipos.

Establecer la conexión adecuada profundiza más que la personalidad. Implica examinar el alma de una organización y determinar lo que hay que hacer. Algunas veces significará cancelar proyectos apreciados que les gusten a todos; puede significar ofrecer servicios nuevos que requieran cierto grado de trabajo extra, así como de personal extra. También puede significar traer a personas nuevas a costa del equipo actual. Hacer que esa conexión perdure, entonces, implica que el directivo comunique con claridad y de forma directa lo que hay que hacer y qué personas tienen que conseguirlo.

Ningún líder puede salvar una organización por sí mismo: es un esfuerzo de grupo. Requiere personas que estén dispuestas a unirse al líder y hacer lo que sea necesario e incluso más para poner las cosas en su sitio. Ese esfuerzo comienza con la comunicación, pero para tener éxito tiene que acabar en una conexión personal entre el líder y el seguidor, así como entre el líder y la organización. Cuando eso ocurre, la organización puede empezar a enderezarse y a ejecutar las acciones que le devolverán la salud y la prosperidad.

Buscar la sincronía

Cuando los mensajes son coherentes, la gente cree; cuando los mensajes no están en sincronía, los empleados confían en las habladurías. Esto puede provocar graves problemas porque aunque las comunicaciones del boca a boca sean «verdaderas», no son siempre exactas. Y así como el discurso corporativo está dirigido por las agendas (y es así necesariamente), también lo están las habladurías. Las facciones se enfrentarán unas a otras y utilizarán el boca a boca para extender rumores. La política es política y es intrínseca a toda época, cultura y organización. Está entretejida en las fibras de nuestro ADN.

La comunicación entre compañeros es fundamental para la salud de la organización, no obstante. Los altos directivos deben continuar articulando mensajes estratégicos, pero les toca a los cargos intermedios y a los empleados convertir la estrategia en táctica. De esa forma la gente no solo tiene voz en lo que está sucediendo, tienen influencia sobre sus trabajos y, en última instancia, sobre la empresa. La jerarquía piramidal se convierte en una empresa de accionistas, cada uno con un papel que representar. Esto solo puede ocurrir cuando las personas tienen voz: de empleado a empleado, de empleado a directivo y hacia arriba en la escala. En otras palabras, la comunicación horizontal permite que los mensajes fluyan hacia arriba. Y lo mejor de todo es que hay alguien al otro lado dispuesto a escuchar.

«Una de las mejores formas de persuadir a la gente es con tus
oídos: escuchándoles».

—DEAN RUSK

ESCUCHAR LAS IDEAS

Escuchar es una disciplina. Los líderes experimentados saben que escu-
char no es un proceso pasivo; requiere energía, tiempo y, sobre todo,
compromiso para hacerlo. Hasta puede ocurrir en reuniones.

Tres de las mayores pesadillas en la vida del directivo son las reuniones, reuniones y más reuniones. Aunque los científicos aún están por inventar una
máquina de movimiento continuo, una que funcione con su propia energía sin
parar jamás, los directivos de grandes organizaciones se acercan bastante a per-
feccionar un prototipo. Los directivos están siempre corriendo de una reunión
a otra. Hora tras hora, día tras día, semana tras semana. Eso es continuo, a mi
modo de ver. La asistencia a tales reuniones significa que los directivos nunca se
ponen a hacer su trabajo hasta que todos se han ido a casa. Es una de las razones
por las que muchos directivos echan tantas horas y se sienten tan improductivos.
Es bastante cierto que las reuniones son a menudo una pérdida de tiempo, pero
es una lástima, porque una buena reunión es una valiosa inversión de tiempo
que, cuando se aprovecha, no es tan valiosa como una máquina de movimiento
continuo, pero se le acerca muchísimo. La clave está en dirigir bien la reunión.
Eso requiere un moderador que escuche tanto como organice.

Tipos de moderadores

Lo primero que hacen los buenos moderadores es definir el propósito de
la reunión; las convocan solo cuando hay un motivo para que la gente se

reúna, ya sea recabar ideas o tomar decisiones. Para cualquier otro objetivo, las reuniones se pueden minimizar, es decir, realizarse por teléfono, correo electrónico o hasta extraoficialmente en encuentros individuales. Una vez conseguido esto, los buenos moderadores entran en una de estas cuatro categorías: los facilitadores, los puntualizadores, los asertivos y los pioneros. Independientemente del tiempo, tener la capacidad de escuchar es fundamental.

Los facilitadores. Las reuniones exitosas deben tener una cadencia, un ritmo que las mantiene activas y discurriendo suavemente. Un tempo así no viene de la nada; deriva de la planificación. Los líderes de grupo que facilitan lo hacen al establecer un orden del día firme y aferrarse a él. También fomentan la discusión de temas relevantes y mantienen a la gente centrada. Y cuando las discusiones se desvían durante un tiempo, los facilitadores interrumpen hábilmente y piden que la discusión se continúe fuera de la reunión. De esa forma la reunión avanza. También anuncian el tiempo que resta y mantienen a todos enfocados en el premio: salir de la reunión con decisiones clave tomadas.

Los puntualizadores. Las reuniones se convierten en memorables por las ideas que se discuten. Los puntualizadores son esos tipos que pueden resumir lo que otros han dicho y a la vez añadir sus propios puntos relevantes. Como los facilitadores, lo hacen amablemente, pero con firmeza. Sus afirmaciones impulsan la reunión hacia delante, en vez de llamar la atención sobre sí misma. Sin embargo, después de un tiempo, las personas de la reunión buscan a los del tipo puntualizador por ideas tanto como por dirección. Es una forma de liderazgo que influye en vez de imponer.

Los asertivos. Las reuniones pueden ser largas y aburridas, sí. Por lo tanto, hay que animarlas. Los asertivos son los que lideran agradeciendo a la gente por sus contribuciones y animando a los que necesitan un empujoncito. Los asertivos no son del tipo animador por naturaleza; son personas que creen en su gente y quieren verla hacer las cosas bien. También tienen mucho del tipo organizativo; les gusta su trabajo y la empresa para la que trabajan. Los asertivos son aquellos que se remiten con frecuencia a los valores de la compañía y, al hacerlo, mantienen a la gente enfocada en sus roles y responsabilidades.

Los pioneros. Demasiado a menudo las reuniones van por senderos muy trillados como trenes que van a la estación. Y esa es precisamente la razón por la que podemos recortar el número de reuniones; si todos sabemos el resultado, ¿por qué llamarlo reunión? Los pioneros, en cambio, son de ese tipo que percibe las reuniones como oportunidades para hacer suposiciones, analizar prácticas y presentar sugerencias diseñadas con un objetivo en mente: desafiar el statu quo. Los pioneros son agentes del cambio. Quieren navegar a nuevos mares, y si algunos se caen al agua junto con sus ideas retrógradas, mejor que mejor. Los pioneros son como el polvo de hada; esparcido en la cantidad adecuada pueden estimular el pensamiento productivo que lleva a los puntos de inflexión. Asimismo, demasiado polvo de hada se mete en los ojos de la gente y en los engranajes de la organización, no se puede ver y todo se queda en punto muerto. No obstante, los pioneros realizan contribuciones vitales para hacer que la gente se replantee los paradigmas y formule nuevos modelos mentales.

Reunir a las personas y las ideas

Algunos moderadores combinan las cuatro cualidades: facilitan con palabras y acciones; puntualizan con sus enunciados; son asertivos con las cualidades de las personas y las ideas; y buscan nuevos horizontes con sus preguntas. Las personas que pueden hacer las cuatro cosas son especiales; todo el mundo los quiere en sus equipos. Dicho esto, hay algunos, sinceramente demasiados, que combinan los atributos negativos de estas características. Por ejemplo, hay facilitadores que intentan ponerse las cosas fáciles a sí mismos repartiendo el trabajo entre todos los demás, especialmente aquellos que no han asistido a la reunión. Hay puntualizadores que gritan sus opiniones y acallan los comentarios de todos los demás. Los hay que afirman su propia brillantez en detrimento de la de los demás. Y por último, están los pioneros que lanzan preguntas como un fiscal de la acusación. Su objetivo no es obtener información; es aterrorizar y humillar a quien esté en desacuerdo. Y sí, hay directivos que encarnan los cuatro atributos negativos y alguno más. Los directivos así son matones, a menudo inseguros ellos mismos, a quienes les gusta golpear a otros para demostrar su propia autoestima desviada.

Dirigir una buena reunión es fundamental para la salud de la empresa. Las reuniones así pueden ser oportunidades para sacar a la luz ideas nuevas que pueden derivar en nuevos productos y servicios. También pueden usarse para enfrentar asuntos o problemas que, si se atienden con prontitud, prevendrán pérdidas y desafectos de clientes y empleados. Y, por último, los encuentros así son oportunidades para que la gente se reúna en un espíritu de intercambio sincero. No todos tienen que caerles bien a todos, pero todos tienen que tratarse con respeto. Mantener ese sentimiento, así como una eficacia total de la reunión, depende del moderador. Estas personas perciben la oportunidad en las reuniones en las que otros ven incordio o molestia. Como resultado, estas personas ascienden a la cima de sus equipos y organizaciones. Por eso los llamamos líderes.

Pensar en los pasillos

Por supuesto, no todas las ideas (de hecho, la mayoría de las ideas geniales) se comparten en las reuniones. Tienen lugar allí donde haya un oyente receptivo. Un alto ejecutivo de Hewlett-Packard «rastrea los pasillos a las seis en punto buscando gente con la que hablar». Es una práctica que ha seguido durante dos décadas. No está solo; está haciendo lo que hacen muchos ejecutivos inteligentes: pensar en voz alta. Al entrar en conversación, este ejecutivo, y otros como él, no solo verbalizan los pensamientos sino que también retan a los demás a pensar con ellos. Este tipo de conceptualización puede que sea común en los centros académicos y de investigación, pero es menos común en el mundo corporativo. Otros directivos podrían imitar este ejemplo. Es una buena forma de dejar que la gente se asome a la mente del líder, y más importante aún, de dejar que desarrollen ideas conjuntamente. Veamos algunas cosas que plantearse si optas por este enfoque.[2]

Ten agallas. La idea de compartir una idea mientras la formulas es un pequeño acto de valentía. Demasiado a menudo pensamos: «Cielos, si digo esto la gente creerá que soy estúpido». De hecho, ser estúpido es no abrir la boca. Es bueno expresar una idea en voz alta: desafía a otras personas a planteársela contigo.

Está alerta. Cuando compartas, mantén las antenas sintonizadas con otras ideas parecidas o sugerencias que pueden mejorar tu idea aún más. Los que son creativos no solo tienen buenas ideas propias, también sintonizan con lo que dicen los demás. Por ejemplo, en publicidad, un diseñador gráfico y un redactor pueden colaborar, uno con imágenes y el otro con palabras, ambos unidos para contar la historia del producto. Lo mismo se aplica a los compositores de canciones. El letrista trabaja con las palabras o la historia; el compositor concibe la melodía. Lo que surge es una buena canción, en la que la letra y la melodía se complementan la una a la otra. Ninguna de las dos habría sido posible sin dos personas creativas sincronizando sus talentos.

Sé autocrítico. No todo de lo que hables tiene que ponerse en práctica. De hecho, discutir una mala idea puede que acabe con ella, y con razón. Muchos productos fracasados podrían haberse introducido en la papelera en vez de en el mercado, y de esa forma ahorrarles a las empresas los miles de millones de dólares en ingresos perdidos y en reputación dañada. Una vez más, decir la idea en voz alta no es estúpido; es lo inteligente.

No todas las ideas hay que trabajarlas en voz alta. A menudo la contemplación silenciosa es mejor. Esta disciplina enfoca el pensamiento en un solo canal, y puede que eso sea lo necesario. Verbalizar una idea demasiado pronto puede, como con un suflé, sacar todo el aire de la mezcla antes de que haya subido. Sin embargo, una vez que la idea se ha horneado se puede compartir. Los líderes saben que sus ideas tienen que convertirse en nuestras ideas si tienen alguna posibilidad de supervivencia, ya no digamos de implementación. El pensamiento colaborativo abre la puerta para la ejecución y el desarrollo colaborativos. También hace que la revisión del proceso completo sea accesible y normal. Eso contribuye a compartir asuntos sobre la empresa a nivel personal. Y eso puede que requiera otra reunión.

«Los listos preguntan cuando no saben. Y, a veces, cuando saben».

—Malcolm Forbes

FORMULAR PREGUNTAS

◼

Usar preguntas es una forma muy buena de enterarse de lo que está pasando y de estimular el pensamiento y provocar nuevas vías de acción.

A veces lo mejor que puedes hacer por alguien es forzarlo a pensar. Pensar en lo que haces y por qué es fundamental para cualquier negocio. Encontrar a alguien que te pueda retar a hacerlo podría valer su peso en oro. Un ejemplo de esto es Ram Charan, un consultor itinerante nacido en India que viaja alrededor del globo asesorando a altos directivos de empresas internacionales. Una técnica que utiliza Charan es hacer preguntas, de las que desafían las suposiciones y compelen a sus clientes a pensar en profundidad.[3]

No necesitas a alguien de fuera para hacer buenas preguntas. De hecho, hacer buenas preguntas es una práctica que todos los directivos pueden cultivar. He aquí algunas sugerencias.

¿Qué te motiva de tu trabajo? ¿Demasiado básica? En realidad no. Cuando estamos inmersos en el trabajo diario a menudo nos olvidamos de lo que al principio nos llevó hasta lo que hacemos. Cuando enfrentamos problemas nos quedamos atrapados en los contratiempos más que en lo que nos gusta de lo que hacemos. Al hacer esta pregunta básica puedes llegar a la raíz de lo que te gusta hacer. Si lo estás haciendo, bien. Pero si no lo estás haciendo, entonces, ¿qué puedes hacer al respecto? ¿Qué cambios puedes hacer para encontrar satisfacción? ¿Esos cambios implican rediseñar puestos de trabajo,

reasignar tareas o priorizar tu tiempo con más eficacia? Las respuestas a estas preguntas te llevarán al corazón de lo que más te importa y puede que te provean de una senda hacia la plenitud completa, o que te señalen una nueva dirección para intentar algo nuevo.

¿Cuáles son los desafíos a los que se enfrenta tu departamento? Ahora es el momento de ponerse manos a la obra. Al identificar los desafíos consigues un mayor control sobre tu trabajo. ¿Un nuevo contrincante entra en tu negocio y tienes que encontrar nuevas formas de competir? ¿O tu departamento enfrenta una reorganización, o tienes un jefe nuevo? ¿O la eficacia está cayendo en picado? Si es así, ¿por qué? ¿Está la gente comprometida con su trabajo? Las respuestas a estas preguntas no son fáciles; están diseñadas para incitarte a pensar.

¿Qué puedes hacer para superar esos desafíos? Depende de ti. ¿Qué vas a hacer respecto al nuevo competidor, la reorganización o la falta de motivación en tu equipo? A menudo las organizaciones improductivas están infectadas de un mal por culpa del cual nadie hace nada por una de estas dos razones principales: una, no es mi trabajo; o dos, no me importa. Ninguna de ellas es satisfactoria. Los líderes actúan; marcan la diferencia. Identifican su rol en el enfrentamiento de desafíos y la resolución de problemas. Así que al preguntarte lo que debes hacer pones sobre ti la responsabilidad de actuar. Esta misma pregunta puede y debe hacerse a un socio de confianza también. Puedes ayudarlo a aclararse un poco acerca de los desafíos que hay por delante.

¿Cómo puedes ayudar a tu jefe a liderar con más eficacia? Identificar tu rol en la resolución de problemas es excelente, pero como jugador de tu organización tienes que pensar más allá de ti mismo. A veces tienes que liderar. Liderar es distinto de gestionar; ambos son valiosos, pero gestionar se enfoca en sistemas y procesos; liderar se centra en proveer de conocimiento y dirección. Cuando lideras, ayudas a tu jefe a ver las cosas que debería hacer y te colocas en posición de ofrecer buenos consejos y también acciones enfocadas.

¿Qué estás haciendo para aumentar la confianza? El trabajo es duro, sí, pero si vuelves a la pregunta original sobre lo que te motiva descubrirás aquello que te entusiasma y que hace que te emociones. ¿Es solucionar problemas?

¿Ayudar a los clientes? ¿La camaradería de trabajar con otros por una causa mayor? Sean cuales sean las respuestas, captúralas y extiende las buenas noticias. La gente necesita ánimos, especialmente en tiempos de crisis. Así que los líderes le deben a su gente el proveer de ese sentido de la confianza en que, sí, prevaleceremos y, sí, tenemos los recursos para hacer lo que decimos que vamos a hacer. Y más importante aún: la confianza deriva tanto de los logros conseguidos como del conocimiento de los logros futuros. Es decir, el camino es difícil, pero lo hemos recorrido una vez y lo haremos de nuevo.

Dudar de uno mismo puede ser una virtud

Examinarse a uno mismo también puede provocar otro descubrimiento: un sentido de las propias limitaciones. La duda no es lo contrario de la confianza. La duda puede ser de hecho una virtud; es una forma de autorreflexión que todo el que tenga una posición de liderazgo debería ejercitar de vez en cuando. Tener dudas sobre el desarrollo de una acción es la manifestación de una mente creativa y viva, una que está dedicada a intentar alcanzar un objetivo. La capacidad de cuestionar ese intento significa que estás abierto al cambio y a las circunstancias. Puede que cambies o puede que no, pero al menos estás abierto al mundo real y a las vueltas que puede dar. Estas son algunas formas de hacer que la duda te funcione.

Admite la duda. Cuando admites que tienes dudas expresas un punto de vista que está arraigado en la inteligencia, no en la fe ciega. Si un proyecto se está yendo totalmente a pique es fácil dudar de su potencial de éxito. Pero cuando las cosas van como la seda los líderes les deben a sus equipos el buscar problemas, buscar cosas que podrían salir mal. Eso no es ser morboso; es ser listo.

Elimina la duda. Cuando tengas dudas, encuentra el modo de deshacerte de ellas. Al hacerlo descubrirás problemas, pero con la misma rapidez encontrarás soluciones. Ir de la duda a la ausencia de duda es lo que hacen los ingenieros cuando realizan los análisis de errores tanto antes como después de un acontecimiento. Es una disciplina que identifica las situaciones antes de que se conviertan en problemas.

Cuestiona la falta de dudas. Si no tienes dudas, pregúntate por qué. Demasiada confianza en ti mismo puede cegarte ante tus debilidades personales. Demasiada confianza en los demás puede llevarte a depositar tu seguridad donde no hay garantías. Un aviso de precaución: cuestiona las acciones, no los motivos. De esa forma mantienes el proceso dubitativo enfocado en los comportamientos y el rendimiento en vez de en las personalidades.

Por supuesto, demasiada duda no es algo que proclamar. Pocos de nosotros queremos que nuestros líderes titubeen, o peor, que duden de su propia capacidad para hacer lo que dicen que van a hacer. Ahí es cuando la duda se metamorfosea en debilidad. Eso no hay que celebrarlo; hay que prohibirlo. Es más, tampoco puede haber lugar para la duda cuando se trata de ética e integridad; esos pilares deben permanecer levantados. Derribarlos no es un acto de duda: es un acto de soberbia en el mejor de los casos, y de inmoralidad en el peor.

No obstante, la duda tiene su lugar en nuestro mundo. Nos fuerza a examinarnos a nosotros mismos y a nuestras acciones con un sentido de nuestras propias limitaciones. Es humillante, ciertamente; los líderes tienen que tener un gran criterio de sí mismos, pero si esos pensamientos elevados se convierten en ambiciones desenfrenadas, entonces puede haber consecuencias negativas. Las empresas pueden fracasar. Las industrias pueden quebrar. Y las naciones puede que entren en guerra. Así que: un poco de duda puede ser una experiencia transformadora, mucha destruye la confianza en uno mismo, y muy poca da paso a la ambición desenfrenada.[4]

«Me gusta que la gente regrese y me diga lo que hice mal. Es lo más
amable que se puede hacer».

—Lillian Gish

HACER CRÍTICA CONSTRUCTIVA

■

*Todo el mundo necesita saber cómo lo está haciendo y
qué tiene que hacer para mejorar.*

Ser socio en una firma de servicios profesionales no es un proceso sencillo.
Uno de los lugares más complicados donde conseguirlo es Goldman Sachs,
una firma de inversiones de Wall Street con una reputación legendaria tanto
por ingeniar hábiles transacciones como por enriquecer a sus socios. La
firma, ahora pública, emplea una serie de técnicas encomiables para investigar a los socios. Por ejemplo, la firma selecciona solo a los mejores de los
mejores como socios, y son entrevistados por socios de distintas áreas de la
firma para protegerse del favoritismo indebido. Los requisitos para ser socio
no están bien definidos, pero según un minucioso artículo sobre el proceso
realizado por el *Wall Street Journal*, la firma valora tanto la capacidad potencial para ganar dinero como el hecho de llevarse bien con otros y saberles
liderar. Un aspecto parece ausente en el proceso: la evaluación crítica. Un
socio entrevistado dijo que cuando se presentó para su consideración como
socio simplemente intentó evitar cometer errores. Hay segundas oportunidades, pero no muchas. Sin embargo, la falta de evaluación crítica parece
un flagrante descuido, pues esa autocrítica podría proveer de información
sobre las fortalezas y las debilidades percibidas, así como prepararles para
enseñar a sus sucesores.[5]

La crítica constructiva es vital para la gestión

La crítica constructiva (*feedback*, en inglés) es fundamental en toda organización, pero es sorprendente cuán a menudo se pasa por alto. La investigación organizada por el Ken Blanchard Group en 2006 muestra que ocho de cada diez empleados dijeron que sus directivos no les ofrecían una crítica constructiva. También el mismo número dijo que sus directivos no los escuchaban. Y una gran mayoría, seis de cada diez, dijo que sus directivos no desarrollaban a su personal lo suficientemente bien.[6]

La gente anhela la crítica constructiva. Todos queremos saber cómo lo estamos haciendo. Muy a menudo, si no oímos nada, asumimos que vamos bien, pero si oímos algo tenemos problemas. Eso es un punto de vista miope, porque coloca a los empleados en un juego de adivinanzas que no solo malgasta tiempo sino que evita darle a las personas una opinión sobre lo que están haciendo y cómo podrían hacerlo mejor. Dado que la crítica constructiva es fundamental, es cosa de los directivos ponerse rumbo a su personal. He aquí algunas sugerencias.

Planifica tiempo para ello. Los empleados necesitan información sobre su actuación. Pero, por mucho que la quieran, es mejor formalizar el proceso. Es decir, planificar tiempo con antelación. Necesitarás al menos una hora. Considera hacerlo durante la comida o incluso tomando un café en la cafetería. Planifica lo que vas a decir y luego inicia la conversación. Anima una y otra vez, da y recibe.

Hazlo constructivo. La crítica ha de comenzar con algo positivo. Felicita al empleado por algo que esté haciendo bien. Arrojar una carga de negatividad sobre las personas es como esconderse tras una puerta y luego tirarles un cubo de agua fría en la espalda. Impacta. Así que, digas lo que digas, haz que sea práctico. No le digas a un empleado que tiene una «mala actitud». Sugiérele qué tiene que hacer de forma distinta (p. ej., mostrar cortesía hacia los compañeros de trabajo). Tener una conversación, un auténtico intercambio, al empleado le ayudará a entender lo que debe hacer de forma distinta. La crítica constructiva es un proceso de desarrollo que requiere escuchar y responder centrándose en el tema.

Actúa en tiempo real. Una vez que hayas tenido un encuentro formal, ya puedes pasar a la acción. Puedes dejar notas (p. ej., comentarios sobre el rendimiento a tiempo real). Es decir, si ves a tus empleados mejorar, díselo. O si un empleado todavía tiene que centrarse en algo, díselo en ese momento y en ese lugar. Pero dicho esto, mantenlo en privado; no lo sueltes en una reunión donde otros lo puedan oír. También puedes utilizar el correo electrónico para ofrecer una crítica a tiempo real una vez que hayas preparado el terreno para hacer crítica constructiva. Este proceso también hace que la crítica sea oportuna, lo cual es fundamental para una buena gestión. Cuando veas algo coméntalo para que el empleado tenga la oportunidad de digerirlo y mejorar.

Considera la crítica para el futuro. Marshall Goldsmith, una autoridad preeminente en la formación de ejecutivos, ha desarrollado un método de crítica constructiva que llama *feed forward*, es decir, crítica para el futuro. Es un proceso de dos pasos que se enfoca en los resultados, no en el pasado. Como lo describe Marshall, en el primer paso, los participantes «le dan a otra persona sugerencias para el futuro y ayudan tanto como pueden». Por ejemplo, un individuo escogerá un comportamiento para cambiarlo y luego solicitará sugerencias para un «cambio positivo». En el segundo paso, los roles se invierten. Los participantes «escuchan sugerencias para el futuro y aprenden tanto como pueden». El mismo participante aportará «dos sugerencias» que ayuden a la persona en su esfuerzo por cambiar. El principio operativo es enfocarse en el futuro, no en el pasado. El proceso es simple y solo se tarda unos minutos. Según Marshall, las personas que participan en el *feed forward* opinan que el proceso es «genial, energético, útil, práctico, divertido». El beneficio de la crítica para el futuro es que puede realizarse entre compañeros, no solo entre jefe y subordinado.[7]

Vuélcalo sobre el jefe. Nadie debería quedarse sin *feedback*. Muchos directivos les piden a sus empleados que les hagan una crítica. Si esta petición sale de la nada, puede que no genere ningún resultado, pero si el directivo prepara el terreno diciendo que quiere aportaciones y hace que le resulte seguro a los empleados hablar sin rodeos, entonces es probable que consiga buenas observaciones. Por ejemplo, puede que el jefe quiera saber si está comunicándose bien con su equipo en relación a un tema específico. Una conversación sobre cómo se está transmitiendo el mensaje y si alguien está prestando atención es de lo más valiosa. Como ocurre en el proceso de crítica para el futuro, el directivo puede incluso pedir sugerencias para la mejora.

Hazlo a tiempo

A veces la crítica llega demasiado tarde para la acción. En 2006 la Radio Nacional Pública despidió al director de informativos. Muchos sospechaban que el motivo de la destitución era político: el jefe del director de informativos se había marchado recientemente y fue sustituido por alguien que no había apoyado la contratación de aquel director. Sin embargo, la razón oficial del despido fue que como era periodista de medios escritos, y uno que había ganado dos Premios Pulitzer, no se había adaptado bien a la radio. Pobre, pero crítica al fin y al cabo. Como crítica constructiva era un sinsentido porque fue a posteriori.[8]

Un aviso sobre la crítica: no importa lo bien que lo estemos haciendo, todos tenemos nuestros puntos flacos. Es decir, todos podemos mejorar algo de nuestros comportamientos en el lugar de trabajo. Por ejemplo, a veces los directivos se creen que son buenos comunicadores. ¿Por qué? Porque son buenos dando órdenes. Sin embargo, carecen del segundo y el tercer componente de la comunicación: escuchar y aprender. Por eso la crítica constructiva es tan fundamental. Tiene más que ver con sintonizar y observar que con hablar simplemente.

La crítica constructiva es un comportamiento comunicativo positivo. Entra en la esfera de la formación, entendida como invertir tiempo en el desarrollo de otros. Los directivos tienen que formar a su personal para que actúen de forma más eficaz y eficiente, y la crítica constructiva es el combustible que hace que la formación funcione. Sí, puede que haya resistencia. A pocos nos gusta dar malas noticias, o decirle a las personas lo que realmente pensamos de ellas, pero la crítica no es para el que la hace: es para el que la recibe. Los empleados se merecen saber qué se piensa de ellos en la organización y, lo que es más importante, cómo pueden mejorar. Al decírselo directamente les demuestras que entiendes su necesidad y que los valoras como personas y como colaboradores. La crítica constructiva es un hábito que todos los directivos necesitan cultivar.

«Razón y juicio son las cualidades de un líder».

—TÁCITO

DECISIÓN: DECIDIR O NO

*Apretar el gatillo o no. Es tarea del líder tomar la decisión
adecuada en el momento adecuado.*

Puede que el 2004 sea recordado como el año en el que la grasa reemplazó a los cigarrillos como enemigo número uno de la salud nacional en Estados Unidos. Sin andarse con rodeos, como hicieron las empresas tabaqueras durante generaciones, McDonald's anunció una reducción voluntaria de sus porciones. Aunque el impacto quizá fuera más político que saludable, McDonald's tiene el mérito de tomar una decisión que pone la salud por delante de los beneficios. Al hacerlo, McDonald's demostró que escucha a sus clientes, y que presta atención a las repercusiones políticas. Una buena toma de decisiones requiere la voluntad de considerar las consecuencias a través de la escucha y el aprendizaje así como de la capacidad de expresar un punto de vista.

Las decisiones definen el liderazgo

Las decisiones son lo que define a un líder. Un director ejecutivo al que entrevisté decía que solo se necesita a líderes para las grandes decisiones que afectaban a la organización en su conjunto. Cualquier otro tipo de decisión deberían tomarla las personas más cercanas a las consecuencias de la decisión tomada. Ritz-Carlton lo pone en práctica permitiéndole a su propio personal de primera línea hacer cualquier cosa necesaria para cumplir su compromiso de atención al cliente sin cargo adicional para este y sin solicitar el permiso de sus superiores. La conveniencia y satisfacción del cliente van primero. Esta toma de decisiones en primera línea también les da a los trabajadores por horas en plantas de automóviles la autoridad para detener la línea de producción si creen que algo va mal; la práctica comenzó en Toyota y desde entonces ha migrado a los fabricantes estadounidenses. Asimismo, muchos departamentos de informática le dan a su personal de soporte técnico la autoridad para reemplazar piezas defectuosas sin la aprobación de la central, porque confían en que el técnico conoce su oficio y está haciendo lo que es bueno para los clientes.

Estos ejemplos ponen la toma de decisiones en el contexto que le corresponde. El criterio para tomar una decisión en el ámbito empresarial debería ser el efecto que esa decisión tendrá sobre las variables del valor de la compañía en su relación con los clientes, empleados y accionistas. Las variables del valor incluyen algo más que un buen estado financiero, aunque unos buenos beneficios sean fundamentales. El valor abarca más de lo que muchos llaman la «triple base», que define hasta qué punto una empresa está cumpliendo con sus compromisos económicos, sociales y medioambientales. Tener en cuenta los tres resultados les da a los directivos de esa compañía tanto la libertad como el desafío de considerar cómo afectarán sus decisiones a clientes, empleados, accionistas y a la comunidad. La decisión de mejorar el proceso puede no afectar a nadie salvo al cliente, pero la decisión de construir en un terreno ya edificado en vez de en un terreno sin edificar tiene un impacto en la comunidad. Al considerar la proposición del valor, anclas la decisión en la realidad y también haces algo más: retas a los empleados a pensar más allá de sí mismos, en las consecuencias de sus decisiones. Demasiada consideración puede llevar a una «parálisis por análisis», pero la suficiente puede ser cultivada por el directivo a través de una comunicación continua. He aquí algunas sugerencias.

Busca información. Las decisiones pueden tomarse y a menudo se toman por una corazonada. Las decisiones sobre diseño, en todo lo que se trata desde coches hasta menaje de cocina, se basan en el instinto, pero es bueno equilibrar tu corazonada con ideas sacadas de estudios de mercado y de otras personas del equipo; pregúntales qué piensan. Puedes decidir por consenso o por tu instinto, pero al menos habrás añadido otro pensamiento a la mezcla.

Haz preguntas. Una técnica para solicitar información es hacer preguntas. Pero las buenas preguntas son algo más que simples peticiones de más información. Las preguntas pueden provocar la sensación de que es necesaria más reflexión. El pensamiento rumiante puede retrasar un proceso de decisión temporalmente, pero las preguntas planteadas y sus respuestas consiguientes pueden guiar al directivo y su equipo a tomar una decisión mejor. También puedes utilizar preguntas para desafiar el pensamiento convencional de forma que fuercen a la gente a observar su situación bajo una luz nueva y diferente.

Decide. ¡Por supuesto! El propósito de la toma de decisiones es tomar una decisión, es decir, llegar a una conclusión y proceder. Puede que demasiado a menudo pospongamos el proceso con la esperanza de que la situación desaparezca. Eso es hacerse ilusiones. Así que, una vez que hayas estudiado, debatido y conversado, aprieta el gatillo. Toma la decisión y da la cara por ella. No intentes dejar huérfana una decisión. Asegúrate de comunicar tus razones, sobre todo si el tema es controvertido. Si te mantienes firme y muestras que puedes aguantar el chaparrón, puede que no ganes puntos por la decisión, pero te ganarás el respeto por tus convicciones.

El legado de la decisión

Por más que lo intentemos, es inevitable hacer elecciones equivocadas que nos llevarán a decisiones erróneas. La toma de decisiones está arraigada en la responsabilidad, incluso cuando el resultado es todo menos deseable. La esperanza es que las consecuencias de las malas decisiones se pueden revocar. Y en muchas ocasiones se puede hacer aplicando algunas de dichas lecciones de comunicación, tales como hacer preguntas, escuchar evaluaciones e intentar hacer enmiendas, lo más rápido posible. Algunas veces simplemente aceptar la responsabilidad por una mala decisión es suficiente. Otras, tienes que esforzarte en corregir los errores, concretamente cuando involucran a clientes o empleados.

Las decisiones que los líderes tomen hoy definirán su legado mañana. Pero si a ese líder se le enseña a tomar buenas decisiones de manera que facilite la comunicación en ambas direcciones, tendrá el marco adecuado para tomar buenas decisiones. Tendrá las habilidades comunicativas necesarias para pedir información y asistencia, así como la confianza de saber que puede tomar la decisión correcta.

«He aprendido que un gran líder es un hombre que tiene la capacidad de hacer que otras personas hagan lo que no quieren hacer y les guste».

—HARRY S. TRUMAN

INFLUENCIA: EMBARCAR A LA GENTE

Cuando las órdenes fluyen desde arriba, los resultados se consiguen al reunir a las personas y alinearlas ante un único propósito. Requiere influencia conseguir algo así.

Se busca: persona con «excelentes habilidades en comunicación, influencia y construcción de relaciones». Esta frase de una oferta de trabajo para un director comercial internacional recoge un comportamiento clave que tienen los altos cargos: la habilidad para relacionarse e influir a los demás. Aunque el anuncio describía otras características del trabajo, es útil observar que la persona seleccionada para el puesto no solo debe tener experiencia en mercadotecnia, sino que debe estar en sintonía con el lado humano del negocio. La gestión está relacionada con la competencia en el trabajo; el liderazgo está relacionado con inspirar a la gente. Ese el punto principal de toda posición de liderazgo de alto nivel.

Relacionarse de forma personal

Los ejecutivos capaces de leer un balance, hacer muchos cálculos o desarrollar estrategias de ingresos y gastos no son difíciles de encontrar. Los ejecutivos capaces de comunicar, influir y construir relaciones son menos comunes y por tanto tienen una alta demanda. Parte de esas habilidades están arraigadas en el cociente emocional, CE, la habilidad para llevarse bien con los demás. Cuando el CE va acompañado de la voluntad de liderar, la comunicación se vuelve importantísima. Utilizar la comunicación para expresar un punto de vista, ofrecer razones para seguir ese punto de vista y responder al reto de alcanzar la visión. De estos comportamientos, la capacidad de influir a los demás es fundamental. Las siguientes son algunas formas de desarrollarla.

Enfatiza el lado humano. La gestión es una disciplina enfocada en la administración para obtener los resultados deseados. Por muy importante que sea la gestión, no puede sobrevivir sin personas. Para muchas organizaciones lo de «las personas son nuestro recurso más valioso» es un tópico porque la dirección solo actúa sobre los resultados, no sobre las personas. Al contrario, las organizaciones de éxito, desde Starbucks hasta JetBlue y Whole Foods prosperan porque ponen a las personas en puestos en los que pueden triunfar. Los directivos practican lo que predican; conectan con la gente y así extienden su influencia hacia los objetivos personales y corporativos.

Adopta un punto de vista alternativo. Requiere una gran disciplina mirar la situación de la manera en la que un empleado lo hace. Los directivos experimentados quizá crean que conocen la manera correcta porque lo han hecho de esa forma durante mucho tiempo. Al hacer eso cortan toda discusión, o peor aún, impiden que su personal mire los problemas o las oportunidades con una nueva perspectiva. Si quieres influir a alguien, primero tienes que comprenderle. Y la comprensión comienza con un intercambio o, por lo menos, un reconocimiento de enfoques alternativos. Nada favorece tanto la confianza como el simple acto de escuchar a otra persona.

Vende tu idea. Una de las razones por las que la gente se aleja de los vendedores es porque se resisten a ser persuadidos. Los líderes no se pueden permitir ese lujo. Como los vendedores eficaces, tienen que tomarse el tiempo necesario para crear una relación que capacite a la otra persona para ver los beneficios de una idea. Lo que funciona con más eficacia es el acercamiento personal (p. ej., qué gano yo con esto). Si un departamento se está reorganizando, el directivo tiene que encontrar una forma de mostrar cómo la reorganización va a mejorar las cosas en cuanto al tiempo, procesos y eficiencia. Esto no siempre es fácil, pero es necesario.

Haz cartografía de la organización. En su libro *Political Savvy* [Inteligencia política], el autor/consultor Joel DeLuca recomienda el desarrollo de mapas de las organizaciones. Estos mapas esquematizan de forma gráfica las personas de la organización que son, o pueden ser, partidarias, detractoras, influyentes y aconsejadoras. Los mapas son herramientas útiles cuando intentas vender ideas de forma ascendente o lateral a través de las funciones. Cuando sabes con antelación quién está contigo y quién contra ti, puedes idear estrategias comunicativas para reforzar tus argumentos frente a tus partidarios y distender las objeciones de tus detractores. Al final, la influencia trata de obtener resultados.[9]

Enseña a la gente a crear redes. Derriba los muros. Aunque no vemos mucho de esto en las salas del Congreso de Estados Unidos hoy en día, hubo un tiempo en el que los demócratas y los republicanos discutían sobre los temas, pero socializaban en los cócteles, el golf o en otros asuntos políticos. Se relacionaban unos con otros como personas. Bob Dole, antiguo líder de la mayoría del senado, era un maestro en crear redes con ambos partidos políticos. Puedes conectar tanto con personas que están de acuerdo contigo como con aquellas que no lo están. Pero necesitas conectar con ambos lados a nivel humano; de otro modo serás conocido por tu posición, no por tus capacidades.

Muestra entusiasmo. La influencia es una dinámica humana. Es el resultado de una conexión emocional. Nada electrifica mejor esa conexión que un poco de entusiasmo a la vieja usanza. ¡Piensa en Teddy Roosevelt! La imagen de su amplia sonrisa y sus ojos brillantes te convencen de que le encantaba estar al mando. Su entusiasmo era irresistible. La gente quiere que sus líderes sean entusiastas porque si no lo son, entonces, ¿qué sentido tiene seguirlos?

Conocer tus límites

La influencia tiene sus límites. A veces los líderes tienen que actuar cuando la corriente está en su contra. Los emprendedores enfrentan este dilema cada vez que traen una idea nueva al mercado. El mundo no espera con los brazos abiertos; de hecho, el camino de obstáculos para conseguir capital de riesgo, montar una empresa y lanzar el nuevo producto o servicio está pavimentado con una letanía de continuos noes. Pero los emprendedores siguen adelante a pesar de ello, convencidos de la solidez de sus ideas. Por el camino, no obstante, influyen a otros con su profunda determinación, así como con la viabilidad de su oferta.

Influir a otros para alcanzar los objetivos del liderazgo es lo que lleva al fondo de la consecución de resultados. Ningún líder puede hacerlo solo; necesita el apoyo de su equipo y su organización para tener éxito. Por eso la habilidad para comunicar cara a cara, o de red en red, es vital para la empresa. Ninguna organización tendrá suficientes líderes que sepan cómo conectar con los empleados a un nivel que aproveche al máximo sus esperanzas y aspiraciones. Quieren hacer el trabajo porque es importante para ellos personalmente. Eso es la influencia del liderazgo, y tiene una alta demanda en todas partes.

«Para la persona que no sabe adónde quiere ir no existe viento favorable».

—SÉNECA

INFLUIR SIN AUTORIDAD

∎

Piensa un momento en el mito de la jerarquía. El director ejecutivo establece la dirección y las cosas fluyen desde esa orden. Pero muy a menudo el trabajo real para cumplir esa orden viene de personas que se esfuerzan juntas por conseguirlo. Lo que une a las personas no es la autoridad de arriba, sino más bien una autoridad que se sienta junto a ellos. La voluntad de seguir a un compañero depende de su capacidad para influir.[10]

«¿Crees que los directores ejecutivos piensan en su influencia?» Esa fue la pregunta que me planteó Sara Jane Radin, una experimentada formadora de ejecutivos. La influencia, como le respondí a Sara Jane, es el primer pensamiento que les viene a la mente a los directivos que están siempre intentando influir hacia arriba, por ejemplo al director ejecutivo o a la junta directiva. Lo que dan por sentado es la influencia tanto entre compañeros como sobre los subordinados. Una lástima. Un error así podría dificultar que esos directivos asciendan a los cargos más altos de la administración. La descentralización de la autoridad en las pasadas décadas ha supuesto que, si quieres que se hagan las cosas, más te vale que aprendas a trabajar bien con tus colegas. Va más allá del trabajo en equipo; es aprender a provocar la autoridad sin influencia.

La influencia como forma de vida

Cada vez más, la forma de hacer las cosas en las organizaciones grandes, o en las organizaciones pequeñas que trabajan en entornos grandes, es ejerciendo influencia. Entonces, sencillamente, ¿qué es la influencia? Puedes considerarla la medida de tu credibilidad multiplicada por tu capacidad de conseguir que se hagan las cosas. Por ejemplo, las personas son ascendidas a posiciones de liderazgo porque demuestran competencia en su función (p. ej., contabilidad, ventas, recursos humanos), pero lo que es más importante, saben cómo conseguir que se hagan las cosas. Cuando eres un subordinado lo haces todo tú mismo, en colaboración con tus colegas. Cuando subes peldaños haces cada vez menos parte del trabajo, pero tienes cada vez más parte de la responsabilidad de conseguir que se hagan las cosas trabajando con los demás. Para proyectos de importancia, especialmente aquellos de naturaleza multifuncional, tienes que ser capaz de alcanzar el consenso con compañeros sobre los que no tienes autoridad. Tu influencia es primordial. Aquí tienes algunos factores.

Piensa primero en la organización. La influencia debe tener sus raíces en el contexto general. Te interesa posicionar tus ideas para entregar lo que sea bueno para el cliente, ya sea externo o interno. Te interesa demostrar la proposición de valor. Por ejemplo, si estás impulsando un esfuerzo de reorganización, habla de los beneficios. Enfócate en cómo la nueva organización capacitará a la gente para hacer su trabajo con más eficiencia y, en consecuencia, entregar un mejor servicio o valor a los clientes. No minimices las dificultades ni los riesgos. Toda iniciativa de cambio implica que alguien renuncie a algo. Tienes que reconocer esa pérdida. Puede que lo consigas, o puede que no. Aun así, tienes que tratar el tema. Pero un líder que pone la organización en primer lugar será capaz de pensar de forma global en primer lugar, es decir, en lo que es bueno para todos. Además, el líder debe cumplir esa promesa realizando mejoras que beneficien a empleados y clientes.

Pon el equipo por delante de ti. La gente gravita alrededor de las personas que cree que tienen influencia. Eso es lo bueno. En el entorno de una organización, sin embargo, te interesa mostrar que puedes respaldar tu influencia con algo más que tú mismo. Ese respaldo incluye a tu equipo. Si se te percibe como un buen líder de grupo y un colaborador, entonces la gente se sentirá más cómoda compartiendo sus ideas contigo. Si notan que eres una persona centrada solo en sí misma, puede que los miembros se coordinen contigo, pero no conseguirás su apoyo total.

Practica lo que predicas. Haz lo que digas que vas a hacer. Por ejemplo, si eres el director comercial y quieres persuadir a tus colegas de ingeniería de que necesitan hacer un cambio de diseño que demandan los clientes, respáldalo. Trae a los clientes para que hablen con tus ingenieros. Organiza sesiones cara a cara, no solo grupos focales. Además, demuestra cómo comercializarás el producto. Demuestra cómo alinearás los esfuerzos comerciales y de ventas para que los vendedores tengan las herramientas y el apoyo que necesiten para lanzarlo. Implícate personalmente en el proceso. En resumen, respalda tus palabras con acciones.

Rinde cuentas. Cuando la nueva creación acabe en la lista de regalos de todo el mundo no habrá ninguna lista de personas dispuestas a atribuirse el mérito. Los buenos líderes comparten ese mérito con todos los implicados. Celebran el éxito públicamente y se aseguran de que los directivos entienden las contribuciones del equipo y sus personas clave. Por otro lado, cuando las cosas se ponen feas, los líderes fuertes dan la cara y afrontan las consecuencias. No intentarán esconderse tras sus equipos, poniendo excusas como la falta de apoyo o de recursos. Darán la cara y reconocerán su rol de liderazgo. A menudo esto no es un suicidio profesional, sino un crecimiento profesional. Se te verá como alguien lo bastante duro como para resistir la presión, pero también lo bastante flexible como para seguir adelante con otra cosa. Rendir cuentas de esta forma aumenta la credibilidad a la enésima potencia.

La influencia interna puede salir cara

Hay un inconveniente en el paradigma de la influencia y es este: puede degenerar rápidamente en amiguismo. Eso es exactamente lo que le pasó a IBM antes de que Lou Gerstner tomara el mando a principios de los noventa. El consejo de administración se formó para tomar decisiones informadas y examinar nueva tecnología. El propósito era firme, pero después de años y años, se convirtió más en una especie de comité selecto que paralizaba la innovación genuina y promovía las elecciones seguras. Ese recorrido seguro casi entierra a IBM. Gerstner desmanteló el consejo de administración y, de paso, les dio más autoridad a los jefes funcionales. Este movimiento, entre muchos, ayudó a IBM a recuperar la prosperidad.[11]

Lo positivo de la influencia es que no se puede fingir, al menos con los compañeros. Puedes engañar a los de arriba, o a los de abajo, pero tus compañeros, como tu cónyuge, saben lo que realmente puedes hacer. La influencia positiva, entonces, depende de la credibilidad: hacer lo que dices que harás y seguir hasta el final. Hablar no es suficiente; cumplir con tu equipo y tus compañeros es lo que importa. Una de las razones es que esa influencia entre compañeros implica interdependencia (p. ej., hoy por ti, mañana por mí). Aunque ese mantra es objeto de abuso, por supuesto, la influencia, cuando se aplica correctamente, es el modo en que se impulsan nuevas ideas, se crean nuevos productos y ascienden nuevas personas. En última instancia, las organizaciones que pueden hacer esas tres cosas sobreviven y prosperan. La influencia, por tanto, representa un papel fundamental en la salud y eficiencia de la organización.[12]

«No puedes ganar ningún partido si no estás preparado para ganar».
—CONNIE MACK

SABER CÓMO GANAR

■

La gente quiere estar en un equipo ganador. Los líderes tienen que dar lecciones sobre cómo ganar.

Durante años los Boston Red Sox fueron conocidos como los «mejores perdedores» del béisbol. Año tras año el equipo no conseguía clasificarse o, si entraba en el World Series, perdía. Todo eso acabó en 2004, cuando ganaron su primer título de campeones del mundo desde 1918. Ganaron otro campeonato mundial en 2006. ¿Qué pasó? En primer lugar, los Red Sox tenían el talento para ganar, pero en segundo lugar, habían aprendido a ganar. Boston había dejado de jugar para no perder, y en vez de eso jugaba para ganar.

Los aficionados al deporte pueden argumentar que muchos equipos emergentes tienen que pasar por el paradigma del «no perder» antes de poder convertirse en campeones. Si es así, entonces los Chicago Bulls son un ejemplo excelente. Fueron machacados dos veces por los Detroit Pistons en las finales de conferencia de 1989 y 1990 antes de derrotarlos finalmente en 1991 y luego asestar una serie de seis títulos NBA en ocho años. Pero los Red Sox aprendieron la lección; en octubre de 2004, tras ir perdiendo tres partidos a cero, remontaron y ganaron los siguientes cuatro partidos y arrasaron en los campeonatos mundiales con cuatro victorias consecutivas. Claramente jugaron para ganar.

Subir la apuesta, no bajarla

Jugar para no perder es un fenómeno que no está limitado al deporte. Considera la empresa General Motors de principios de los noventa. Con su cuota de mercado viniéndose abajo, GM introdujo una serie de vehículos insulsos y sumamente olvidables. ¿Alguien se acuerda del Lumina? Contrasta eso con su vecino, Chrysler, que lo había pasado mucho peor en cuanto a acciones e ingresos. Chrysler se reinventó a sí misma con una línea de nuevos productos fascinantes que garantizaron su supervivencia, hasta que Daimler la comprara a finales de los noventa. A General Motors le asustaba demasiado no ganar, mientras Chrysler lo único que podía hacer era ganar o irse a la quiebra. Casualmente, un hombre clave en el resurgir de Chrysler es también clave en el repunte de GM: Bob Lutz. Como vicepresidente a cargo del desarrollo de productos, Lutz se deshizo de los feudos que paralizaban el diseño de GM y, como resultado, impulsó y animó a los diseñadores de talento a enseñar sus cosas. GM estaba jugando para ganar.

Jugar para no perder es un comportamiento autodestructivo. Aunque puede afectar al conjunto de la empresa, también afecta a los equipos. Como resultado, la gente actúa con cautela porque tienen miedo de cometer un error. En el mundo de los negocios de hoy en día, el miedo te relega a vivir en un statu quo. Pero, como todos sabemos, el statu quo es un mito. Nada se mantiene igual durante mucho tiempo; en el mundo de la informática mantenerse igual durante seis meses es un milagro.

Las empresas, por supuesto, no quieren estancarse, pero cuando actúan con demasiada cautela eso es exactamente lo que ocurre. Los líderes corporativos dicen que quieren que su personal «piense de forma diferente» o «con originalidad», pero con demasiada frecuencia los empleados que lo hacen son forzados rápida y bruscamente a mantenerse en el rumbo del paradigma de gestión del que intentaban escapar. El resultado es una mentalidad de «yo también» que engendra complacencia, letargo y el consiguiente declive. Los directivos, por supuesto, se pueden proteger de este comportamiento si transmiten el valor de jugar para ganar.

Está dispuesto a atreverte. Imagina que te acaban de poner a cargo de una de las compañías con más éxito y más admiradas del mundo. En unos meses la empresa empieza a venirse abajo, entonces, ¿qué haces? Vuelves a la base o vuelves a pensarlo. Si eres Jeff Immelt de General Electric, no piensas en virar el barco, sino en hundirlo para construir una flota de empresas más ágil y lustrosa. Desafiar las convenciones puede ser un mantra de los directores ejecutivos, pero solo arraigará si a los mandos intermedios también se les da la libertad de atreverse. Cuando te atreves, te esfuerzas para ganar.[13]

Está dispuesto a destruir el modelo. La disminución de la audiencia de las cadenas de televisión no es nada nuevo. Un negocio al que esto le ha afectado de forma dramática es la publicidad. Tienen el desafío tanto de ser innovadores en el desarrollo creativo como de colocarlo de forma eficaz entre la plétora de mercados tanto tradicionales como no tradicionales. Crispin Porter + Bogusky, una aclamada empresa puntera en Miami (y ahora en Boulder, Colorado), está llevando esta creatividad un paso más allá, con una revisión del currículo en una escuela profesional, Miami Ad School. El personal de CP+B está enseñando a los talentos de la publicidad de mañana a maximizar el impacto de sus mensajes en un entorno mediático nuevo y fragmentado. El viejo mundo de la publicidad estaba atrapado en un juego en el que el perdedor se lo llevaba todo; el nuevo modelo tiene la oportunidad de reinventar las reglas. Cuando no tienes nada que perder tienes que esforzarte para ganar.[14]

Sé creativo (y disciplinado). Qualcomm, el fabricante de chips para aparatos inalámbricos, ha sido innovador y rentable incesantemente. Pero como dijo Paul Jacobs, presidente del grupo inalámbrico, en una entrevista para *Business 2.0*, Qualcomm ha aprendido a equilibrar la innovación con la disciplina. ¿Cómo? Contratando dos grupos de ingenieros: uno que quiere derribar las murallas y otro que posee «una fina puntería para alcanzar objetivos específicos». El equilibrio de ambos mantiene a Qualcomm bullendo.[15] Los directivos pueden emular este ejemplo montando equipos de talentos complementarios. Estas combinaciones pensarán y actuarán con originalidad, pero no echarán la casa abajo al mismo tiempo. ¡Una idea ganadora!

Juega limpio

Jugar para ganar es algo que todos queremos hacer. Pocos nos proponemos perder deliberadamente, pero si se nos juzga por nuestras acciones (o, más a menudo, por nuestras inacciones) puede que nos estemos saboteando. Los directivos, por tanto, tienen que mirar las señales de peligro de los empleados que estén retrocediendo en lugar de avanzando. Entre las señales indicadoras están el no hablar en las reuniones, la falta de entusiasmo por el equipo, la sensación de letargo respecto al trabajo en general y, finalmente, los días de baja laboral. Estos comportamientos pueden ser signos de depresión, así que ve con cuidado y busca guía profesional antes de actuar. Si la causa no es médica, entonces sé firme a la hora de buscar la causa. Podría ser que no esté en el puesto adecuado, o podría ser el resultado del maltrato de sus compañeros, o incluso del tuyo propio. Descubre lo que está pasando y emprende inmediatamente acciones para corregirlo. Sé proactivo en tus comunicaciones estableciendo expectativas claras, escuchando las críticas, guiando, demostrando pasión por el trabajo y reconociendo a aquellos que realicen logros.

Seamos claros. No hay nada malo en no ganar; hasta los campeones pierden. Pero hay algo malo en jugar para no perder. Es una mentalidad que debilita a las personas y a los equipos. Si no se corrige, le chupa la sangre a la organización en términos de creatividad, de innovación y, por consiguiente, de talento. Nadie quiere jugar en un equipo así. Cuando pasa esto, ¡ni todos los Yankees del mundo la pueden salvar!

«Quítame mis propiedades... pero déjame mi organización y en cinco años lo habré recuperado todo».

—ALFRED SLOAN

TIENDE UNA MANO

■

Es imperativo que los líderes estén en contacto con su gente. Los canales de comunicación e información pueden ser la mejor alternativa.

Se ha dicho que la persona más solitaria de cualquier organización es el director ejecutivo. Oh, claro, los directores ejecutivos tienen un montón de gente que los acompaña allá donde van, pero el acompañamiento no es compañía. Y, lo que es peor, no es amistad. Es difícil para los directores ejecutivos mantener amigos de verdad por dos razones: primero, la gente se somete a ellos; segundo, pocos quieren decirles la verdad. Es una lástima, porque si hay alguien que necesita la verdad es la persona que está en la cima. Pero una y otra vez, en las empresas grandes y pequeñas, vemos al director ejecutivo vivir en una burbuja aislado de la realidad por un personal de subordinados.

Conectar con los demás

Bill George, antiguo director ejecutivo de Medtronic, convertido en autor de *best sellers*, ha escrito sobre las únicas personas con las que los directores ejecutivos se pueden relacionar: otros directores ejecutivos. Puede que sea verdad, pero es una auténtica lástima. Significa que el consejo ha puesto su activo más preciado (la compañía) en manos de un inadaptado social, un malcontento. El director ejecutivo no tiene que ser compinche de todos ni de ninguno y, de hecho, si lo es, es víctima del amiguismo. Sin embargo, el director ejecutivo tiene que mantener relaciones abiertas y honestas con las personas del equipo en todos los niveles de la organización.

Aunque no todos seremos directores ejecutivos, la necesidad de mantenerse conectado con las personas como personas comienza en el proceso de gestión. Los directivos no pueden ser amigos de sus subordinados directos, pero pueden y deberían mantener abiertos los canales de comunicación. Sí, has oído esto antes pero, ¿qué significa? Dicho sin rodeos, significa que necesitas y quieres personas en tu equipo que te digan la verdad aunque duela. Estas son algunas formas de cultivar ese «dolor».

No te conformes con las buenas palabras. Una de las malas artes de la política de oficina es decir lo que el jefe quiere oír. Es parte de la naturaleza humana agradar, pero no es una buena forma de llevar una empresa. Si no dices la verdad o, lo que es más probable, la ocultas, no solo eres insincero, eres irrespetuoso. Tus actos dicen que no confías en el jefe. A menudo esta desconfianza surge porque el jefe no es digno de confianza. Hablar sin tapujos es la única forma de hablar. Si solo oyes cosas buenas sé precavido, no te quedes satisfecho. Busca la otra cara. Equilibra lo bueno con lo no tan bueno.

Visita a las personas en sus despachos. Los empleados están acostumbrados a ir a tu oficina. ¿Por qué no visitas su puesto de trabajo? Un ejecutivo con quien trabajé solía organizar reuniones de personal en la planta de producción, incluso en los días de rabioso calor del verano, porque quería estar donde estaba el trabajo. Su presencia demostraba que era un jugador de equipo. También era una oportunidad de ver lo que pasaba en la fábrica.

Pasa tiempo con ellos. Stanley Bing, el deslenguado columnista de *Fortune*, escribió una vez sobre unos directores ejecutivos que él conocía cuyos pies jamás habían tocado nada que no fuera moqueta durante el ejercicio de su liderazgo. Bing se refería a la arrogancia y el distanciamiento voluntarios de los «peces gordos». Creo que cualquiera que haya trabajado en una organización grande puede comprenderlo. Es mejor ver a tus líderes en la cafetería, en el pasillo o en encuentros de la empresa.[16]

Comparte anécdotas. Una de las mejores maneras de conectar con la gente es a través de historias. Las anécdotas son narraciones que captan el interés. Las buenas tratan de lo que la gente hace y de cómo han superado la adversidad. La capacidad de recuperación es un tema que resuena en las organizaciones. El trabajo no siempre es fácil, y las personas cometen errores. Los fracasos suceden. Cuando compartes anécdotas tuyas o de otros que han enfrentado tiempos difíciles pero han regresado, demuestras el valor de la perseverancia.

Confiar en ti mismo

Habrá momentos en los que el mejor consejo que un director ejecutivo puede recibir es el suyo propio. Después de todo, ascendió a su posición porque ha tenido toda una vida de capacidad y habilidad que lo llevó a ser elegido para liderar. Sus instintos pueden ser la mejor influencia de todas. Los directores ejecutivos que mantienen abiertas las líneas de comunicación mantienen conexiones con el pulso de la organización. Un líder que está en contacto con su gente sabrá lo que está pasando y lo que no. Sabrá cuándo intervenir y cuándo traer a la caballería. Y hay otro beneficio. Se ganará el respeto y la confianza de las personas de la organización. Esa confianza le dará al líder la influencia para gobernar en los tiempos difíciles y participar de la gloria en los buenos tiempos. Mantenerte en sintonía con la organización requiere práctica y algo más: requiere compromiso. Todos los días.

«La gestión es el arte de conseguir que tres hombres hagan el
trabajo de tres hombres».

—WILLIAM FEATHER

GESTIONAR (Y LIDERAR)

■

*Los gestores gestionan; los líderes lideran. Lo primero se
realiza con sistemas y seguimiento. Lo segundo se hace
con inspiración y guía.*

«¿Crees que nuestros empleados se consideran líderes?» Esa fue la pregunta que me planteó un consultor interno. Por la expresión de su cara (una mezcla de esperanza y terror) sabía que no le gustaría mi respuesta. Respondí con franqueza: ¡no! La razón de mi respuesta negativa era que los directivos en cuestión, principalmente supervisores de primera línea, se sentían a veces atados de pies y manos por una jerarquía que no escuchaba, unos empleados improductivos sobreprotegidos por normas y regulaciones y una cultura que no recompensaba la iniciativa.

Esa era la mala noticia. La buena era que no importaba si los directivos se veían a sí mismos como líderes o no. Estos directivos practicaban el liderazgo en su vida diaria. Al haber trabajado con ellos durante muchos años sabía que eran personas de carácter, integridad y ética. Trataban a su gente como es debido y les proveían de oportunidades para triunfar. Algunos eran líderes natos; otros llegaron a serlo gradualmente. Prácticamente todos ellos comprendían la proposición fundamental del liderazgo en las organizaciones: el éxito es mutuo; solo cuando trabajemos juntos triunfaremos.

Los dos factores de la ecuación

Hay una tensión natural entre la gestión y el liderazgo, y eso es algo bueno. La gestión es disciplina; el liderazgo es aspiración. Los gestores se enfocan en la administración; los líderes se enfocan en lo que está a la vuelta de la esquina. Los gestores trabajan con el sistema para conseguir que se hagan las cosas. Los líderes capacitan a personas para que hagan lo que hay que hacer. Los gestores controlan; los líderes delegan. Las diferencias son muchas, pero la realidad es que la gestión y el liderazgo son sinérgicos y se alimentan uno a otro. Las organizaciones necesitan tanto gestores fuertes como líderes fuertes. A nivel organizativo, los gestores están atados a responsabilidades funcionales (p. ej., departamentos de gestión, sistemas y equipos). Los líderes no conocen tales ataduras. Puede haber (y debería) líderes en todos los niveles. Así podemos promoverlo.

Haz preguntas. Una de las frases de las que más se abusa en el léxico de la gestión hoy en día es «piensa de forma original, sal del cajón». Una razón por la que frases así nos entran por un oído y nos salen por el otro es porque todo el mundo sabe que se piensa poco y que la organización en la que trabajan *es* un cajón. Así que si quieres animar a la gente a actuar como líderes el primer paso es permitirles hacer preguntas. Los gestores pueden establecer el tono interrogativo haciendo preguntas de quién, qué y por qué sobre los procesos y progresos. Formuladas de forma apropiada (es decir, con curiosidad más que con rencor), las preguntas abren la puerta al diálogo genuino. Además, se puede animar a los empleados a unirse con sus propias preguntas.

Haz que ocurra. Chris Lowney argumenta en su libro *El liderazgo al estilo de los jesuitas* que la razón por la que los jesuitas crecieron tanto en número como en influencia fue por la manera en la que escogían y formaban a sus miembros. Uno de los principios del liderazgo jesuita es hacer que las cosas ocurran. Ellos querían atraer adrede a hombres cultos a su orden. La educación superior en aquellos días era escasa, y era cara. Así que los jesuitas, en su espíritu de hacerlo ellos mismos, desarrollaron unas cuantas universidades gratuitas para proveer de educación no solo para futuros monjes sino para todos (tristemente, solo para hombres en aquellos días) los que cumplían los requisitos.[17]

Capacita el riesgo. ¿Quieres que las personas piensen y actúen por sí mismas? Entonces díselo. Rétalos a asumir riesgos dentro de los límites de la misión y la visión. Por un lado, si tu negocio está basado en la tecnología, anima a tus ingenieros a buscar mejoras de los procesos así como a adaptar aplicaciones nuevas y emergentes. Por otro lado, si estas mismas personas llegan a ti con la idea de abrir un restaurante, dales las gracias por la idea pero puntualiza que preparar y servir comida está fuera del ámbito de lo que hace tu empresa. Gestionar el riesgo es fundamental; pero tienes que hacer que a la gente le resulte seguro fracasar. Sin esa seguridad, no asumirán riesgos, del mismo modo que tampoco saltarían de un precipicio.

Rinde cuentas. Deja claro que el liderazgo trata de resultados, pero también de consecuencias. Cuando las cosas salen bien pocos tenemos problema en ponernos en pie para compartir los focos. Por otro lado, cuando las cosas salen mal el sonido de los portazos que oyes es el de gente marchándose del local. Rendir cuentas es el problema del liderazgo; es donde la aspiración se encuentra con la realidad. Michigan Radio, la rama de radio pública de la Universidad de Michigan, fue acusada de aceptar regalos por actividades promocionales para recaudar fondos. Su administrador general, que no tomó más parte en el fraude que el hecho de que ocurriera bajo su supervisión, dimitió. Además, la emisora informó sobre la historia y emitió declaraciones y noticias para sus oyentes. El presidente de la universidad también intervino y prometió una investigación completa. Los responsables fueron entregados a la justicia y castigados como corresponde. Aunque la cantidad de dinero implicada no era significativa, la mancha en la imagen de una institución pública sí lo era. Pero podría haber sido peor si la universidad se hubiera cerrado en banda; no lo hizo. La gente dio un paso al frente y asumió la responsabilidad. Como resultado, la emisora estuvo dispuesta a rendir cuentas. Nada de retractarse, de quitarle importancia ni de ocultarlo.[18]

Ir hacia atrás

Por más que la gente ruegue por líderes en todos los ámbitos, existe una fuerza opuesta que anula esta idea: el directivo entronizado. El tipo que dice «Hazlo a mi manera o no lo hagas». John Lasseter, animador y director de la exitosa película de Pixar *Cars*, es un ex alumno de los antiguos estudios de animación de Disney. Fue contratado al salir de Cal Arts, un caldo de cultivo para la animación creativa, pero se encontró a sí mismo y a sus talentos frustrados por la administración de Disney de aquel entonces. Sus directivos, a quienes Lasseter describió como «animadores de segunda fila», no querían que pensara ni que creara, solo querían que hiciera cosas. Ahora, tras haberse reincorporado a Disney a causa de su adquisición de Pixar, Lasseter hace lo contrario de lo que se le hizo a él: intenta fomentar el talento, no aplastarlo. Su historial de películas de animación de éxito es el testimonio de su espíritu de colaboración.[19]

La tensión que existe entre la gestión y el liderazgo es dinámica, como es natural. Después de todo, la gestión trata con el qué y el cómo (el hacer); y el liderazgo trata con el por qué (la razón). Ambos requieren reflexión, pero uno se enfoca en el corto plazo y el otro se enfoca en el largo plazo. Se necesitan ambos para la salud de la organización. Por lo tanto, es sabio, cuando sea posible, darles a los gestores tiempo para ser líderes. ¿Cómo? Dales tiempo para pensar en lo que hacen y por qué, y también en cómo podrían hacerlo mejor. Estas preguntas no siempre ofrecerán respuestas inmediatas, pero promoverán el pensamiento en profundidad, del cual pueden surgir maneras nuevas y mejores de conseguir que se hagan las cosas, así como maneras mejores de formar a las personas para que tengan las herramientas y los recursos para hacer mejor su trabajo. Todo esto es parte de la proposición del liderazgo.[20]

«Dos hombres trabajando juntos en equipo conseguirán más que tres hombres trabajando individualmente».

—CHARLES P. McCORMICK

GESTIÓN POR INCLUSIÓN

La inclusión no es una cuestión de cortesía. Es una prioridad para sacar lo mejor de tu personal.

Un hombre entra en el diminuto despacho y el directivo tras el escritorio da un respingo. Puedes ver por su expresión que el visitante es el jefazo. Esta escena es de un anuncio de televisión, pero ocurre en la realidad miles de veces en las oficinas grandes y pequeñas de todo el mundo. Lo que pasa después no es tan común. El jefe lee una carta del director ejecutivo que elogia al directivo por su oportuna sensibilidad ante un problema apremiante. El jefe dice: «Buen trabajo», y se va. Una vez más, lo que pasa después es incluso menos común. El directivo reúne a su personal; es obvio que quiere compartir la buena noticia y darles las gracias. Luego llama al conductor de UPS y lo invita a la improvisada reunión. Aparte del obvio mensaje comercial de que UPS les arregló el día, lo que el directivo está demostrando es la «gestión por inclusión».

Poner a otros en el punto de mira

Los directivos están bajo presión. A menudo, al amontonarse sus tareas, parecen cada vez más coordinadores de tráfico, o un burócrata si somos menos amables, delegando tareas tan rápido como vuelan hasta el escritorio, o hasta la bandeja de entrada de su correo electrónico. Hay tanto que hacer que la comunicación se reduce a frases como «haz esto», «llámala» o, mi favorita, «simplemente hazlo». No es sorprendente: al directivo se le estira más que a una piel de tambor y se siente igual de aporreado. No sirve de nada apelar a un jefe por encima de él; puede que sus desafíos sean los mismos, o incluso mayores. Una solución obvia sería contratar más ayuda o delegar más tareas, pero en la realidad económica actual (la cual, sinceramente, nunca cambia) depende del directivo que se haga a tiempo y dentro del presupuesto. Hay una alternativa: multiplica los talentos y habilidades de tu personal. En otras palabras, gestiona incluyendo a todos. Cuando gestionas de esta forma implicas a la gente en el proceso y los invitas a colaborar. La comunicación puede facilitar la inclusión y ayudar a construir relaciones laborales más fuertes. He aquí algunas sugerencias.

Establece las normas básicas. La gestión por inclusión no ocurre por accidente; sucede por premeditación. Eso significa que depende de los directivos hacer saber a la gente que valoran las ideas de los demás. Lo que es más importante, tienen que capacitar a los empleados para que se sientan seguros al expresar opiniones contrarias a las del directivo. Manifestar puntos de vista divergentes sirve de contrapeso al pensamiento grupal (p. ej., un proceso de pensamiento cooperativo que te lleva por túneles donde la luz es un tren que se acerca). Los directivos hacen esto con sus palabras, pero lo demuestran más con sus actos. Reciben las ideas con agrado. Piden puntos de vista divergentes. Participan en el debate y bromean aquí y allá. Incluyen ideas alternativas en el proceso de planificación. Y vuelven por más una y otra vez.

Pide información. En algunos equipos recabar ideas de la gente es tan simple como pedir una votación a mano alzada o lanzar una pregunta en una reunión de equipo. Las ideas estallan en el aire como las palomitas en la máquina. Eso es un tributo al directivo que ha hecho que sea seguro para su personal expresar ideas, tanto en acuerdo como en desacuerdo con los propios enfoques del directivo. Esto puede ocurrir en organizaciones comerciales y de ventas, pero cuando se trata de ingeniería y tecnología de la información, la gente no se siente tan cómoda al hablar. Prefieren «hablarle a una máquina» antes que a otro ser humano. Algunas veces estos profesionales utilizan su lengua materna como segunda lengua y no se sienten cómodos hablando en voz alta en grupo. Otras veces la reticencia es cultural; en Asia los subordinados nunca desafían a sus jefes. Esta situación no libera a los directivos de su responsabilidad; simplemente los reta a descubrir otras formas de comunicarse. Estas técnicas pueden ir desde solicitar opiniones por vía del correo electrónico hasta por medio de un buzón de sugerencias electrónico y anónimo. Distribuir papelitos en las reuniones y pedirles a todos que escriban algo para discutirlo es una alternativa de eficacia probada.

Incluye a los proveedores. Como en el anuncio de UPS, tus proveedores de confianza son de verdad parte de tu equipo. Los expertos en el comportamiento de las organizaciones acuñaron el término «equipo virtual» hace una década para abarcar a esas personas. Ahora bien, en favor de una revelación total, debo manifestar que como consultor he formado parte de muchos equipos virtuales. Los que funcionan mejor son aquellos en los que directivos, empleados y empleados virtuales colaboran y se coordinan. El enfoque está en el trabajo; la responsabilidad exige que se haga correctamente. Los empleados, reales o virtuales, pueden realizar la tarea si se les concede la autoridad para hacerlo.

Actúa según la información, no según el consenso. Por mucho que cualquier directivo quiera que todos los del equipo se embarquen, la realidad determina que no siempre ocurrirá eso. O si lo hace, el directivo no está liderando por inclusión en realidad. Te interesa pedir ideas, por supuesto, pero la última decisión debe venir de ti. Puede que no todos estén de acuerdo, pero apreciarán que se les pregunte y se les incluya. La gente espera resolución de sus líderes. Cuando gestionas así tienes más probabilidades de alcanzar el consenso en el futuro ante desafíos mayores.

Luchar por tus convicciones

Ahora bien, por mucho que quieras esforzarte en gestionar por inclusión, hay momentos en los que debes actuar solo. Tales ocasiones pueden ser el resultado de una crisis o de la necesidad de defender tus convicciones. Eso se llama liderazgo. Por ejemplo, si eres jefe del departamento de informática y crees firmemente en la necesidad de instalar un sistema CRM, tienes que luchar por ello. Reúne a tu equipo para conseguir los datos y ayudarte a defender tu postura con abundantes beneficios. Pero cuando llega el momento de presentar la argumentación tienes que tomar el mando. Está muy bien incluir a tu gente como apoyo, pero tienes que estar al frente y en el centro, especialmente si el movimiento es controvertido, o lo más probable es que sea recibido con resistencia presupuestaria.

Hay otro momento para quedarse solo: aguantar el chaparrón. Cuando un equipo falla es responsabilidad del directivo. Aunque los miembros individuales no hayan hecho su parte, es el desafío del directivo conseguir que el trabajo se haga de alguna forma. Pero algunos directivos creen que al señalar con el dedo a los demás ellos darán mejor impresión. ¡Gran error! Un directivo que confronta a su jefe y le dice «No es culpa mía», queda como una persona poco comprometida, no como alguien a quien querrías confiarle más autoridad. Lo que hace este comportamiento es que los directivos parezcan pequeños, mezquinos y cortos de miras.

Gestionar por inclusión hace algo más que conseguir que se haga el trabajo de la forma correcta. Hace que los empleados se sientan parte de algo mayor que sí mismos. Al actuar como equipo, generan la energía y el impulso necesarios para la tarea que se traen entre manos, pero desarrollan hábitos cooperativos que favorecen sus fortalezas, apuntalan sus debilidades y, con el tiempo, los hacen más productivos. Los directivos que impulsan la inclusión son los que consiguen que las cosas se hagan de forma correcta y, de paso, hacen que la gente se sienta mejor con su trabajo y consigo misma. Cuando esto ocurre, la gestión por inclusión debería llamarse *liderazgo genuino*. ¿Se puede pedir más?

«Cuanto más grande es el obstáculo, mayor la gloria de haberlo superado».
—MOLIÈRE

SORTEAR LOS OBSTÁCULOS

■

Los planes a menudo se dan contra un muro una vez que se ponen en marcha. Es cosa del líder mostrar formas de sortear los obstáculos.

La organización está paralizada. Las operaciones diarias continúan, pero nadie mira más allá. Cuando estalla un fuego la gente se apresura a apagarlo. Luego recuperan el aliento y esperan al siguiente fuego. La situación que estoy describiendo no es la de un departamento de bomberos; es un departamento sin un líder eficiente. Como resultado, la gente trabaja de proyecto en proyecto sin saber lo que viene después. A menudo no conocen a sus colegas con otras funciones, y lo que es peor, no les importa. El lema de todos es aguantar el día entero. Aunque esta situación sea extrema, no es un ejemplo aislado. Muchas organizaciones están gobernadas por directivos que están ahí por encima de ellos y, como resultado, no proveen de guía, dirección ni apoyo. En resumen, no son líderes, y sus organizaciones, ya sea un departamento o una división entera, agonizan.

Gestionar frente a la incompetencia

Desde fuera es fácil de decir: despide al directivo y pon a alguien al mando que sepa lo que hace. Aunque esa acción está garantizada, no sucede a menudo, particularmente en los departamentos. La ineficacia, en la línea del principio de Peter, que dice que los directivos son ascendidos hasta su nivel de incompetencia, prevalece. Las razones de esta situación son a menudo sistémicas: mala formación en gestión, carencia de directivos cualificados y amiguismo. Todos estos factores se fusionan en un guiso de incompetencia administrativa. A pesar de este espantoso escenario, los mandos intermedios y los empleados pueden ponerse manos a la obra ellos mismos y provocar el cambio. Es decir, la incompetencia del jefe no es siempre una excusa para la inercia. Las siguientes son algunas sugerencias para gestionar a pesar del jefe.

Completa la misión. Cada organización y cada función dentro de la organización tiene roles y responsabilidades; al menos ese es el plan. Si el directivo con el cargo más alto de cualquiera de esas funciones no cumple, los empleados tienen la responsabilidad de ponerse manos a la obra por sí mismos. Pueden hacer lo que sea necesario para desempeñar su trabajo. Los equipos autodirigidos (es decir, aquellos sin jefes explícitos) demuestran que los equipos y grupos pueden gestionarse a sí mismos, e incluso proporcionar liderazgo. Con la salvedad de que haga lo que haga el equipo debe estar en conformidad con la misión y los valores de la organización. Haces el trabajo de la organización, ya sea fabricar *software*, construir casas o suministrar servicios sociales. Desviarte de esa misión te meterá en problemas; la adherencia demostrará disciplina y conocimiento.

Construye coaliciones. Parte del esfuerzo de conseguir que se hagan las cosas en una organización grande recae en la influencia, es decir, en quién conoces. Encontrar personas que tengan metas similares dentro de una organización que sufre un vacío de liderazgo no es difícil; los empleados quieren hacer lo correcto. Si puedes unir a la gente por un propósito común, digamos para completar un estudio de diseño, lanzar un producto, crear un nuevo servicio o hallar un valor nuevo para los clientes, generas un impulso que sortea al jefe del mismo modo que se sortea a una piedra en el camino.

Hazlo y pide perdón. Habrá momentos en los que el liderazgo vendrá del interior del equipo; es decir, alguien tendrá que tomar una decisión difícil respecto a recursos, soporte o hasta personal. Si no te proporcionan dirección los de arriba, toma la decisión tú mismo. Un principio clave del *lean management* (gestión esbelta) es dejar que el equipo decida lo que es mejor y después implantarlo, siempre y cuando esté en conformidad con la misión y los valores de la organización. Documenta lo que has hecho y por qué. Asegúrate de que estás dentro. Si te desafían, o te reprenden, pide perdón. La mayoría de los altos directivos preferirían que los equipos hiciesen lo que fuera necesario para que se hagan las cosas sin pedir siempre el apoyo de arriba.

Haz las pequeñas cosas. Uno de los síntomas de una organización en peligro es el bajo nivel de exigencia. Por ejemplo, la gente llega tarde a las reuniones. La sala de descanso está abarrotada e incluso llena de tazas sin lavar. Los materiales de oficina son escasos o se han terminado. Las salas parecen anodinas y con necesidad de decoración. Cada uno de esos elementos es pequeño en sí mismo, pero en conjunto son sintomáticos de una moral baja; los empleados están desanimados o apáticos. Es el momento de actuar. Insiste en que la gente rinda cuentas por su gestión del tiempo. Trata también el aspecto físico. Engalana el garito con un fregado, una mano de pintura o cuadros nuevos. Y cuando lo hayas hecho todo, invita a la gente a un almuerzo gratis. Reunir a las personas cuando se sienten bien consigo mismas es una manera estupenda de generar el impulso para el cambio.

Andar con pies de plomo

Habrá momentos, no obstante, en los que la incompetencia administrativa se puede volver desagradable. Y cuando pase esto, los empleados deben andarse con cautela. A algunos jefes ineficientes les encanta cuando el trabajo se hace sin ellos; otros se ofenden. El resentimiento puede adquirir muchas formas. Por ejemplo, si el equipo hace un trabajo espectacular puede que el jefe se adjudique el mérito. El jefe también puede intentar reemplazar a los líderes de facto por amigos que sean igualmente incapaces de rendir. Es triste decirlo: la incompetencia produce incompetencia. Así que debes escoger tus batallas con cuidado y ser cauteloso para no despertar al león dormido; es mejor rodear de puntillas a esa criatura que arriesgarse a su rugido o, peor, a su mordedura.

Pero así como a la incompetencia le encanta la compañía, también le encanta a la excelencia. Una vez que un equipo alcanza un nivel de competencia no será fácil dar marcha atrás. Las personas que dirigieron el equipo querrán hacerlo otra vez porque están enfocados y orientados a los resultados. Y los que han vacilado en modo «espera y verás» deberían estar ahora entusiasmados y animados; les gusta formar parte de un equipo ganador y quieren ganar otra vez. Un espíritu así puede ser contagioso. Idealmente, los miembros de equipos así son ascendidos a niveles de mayor responsabilidad y los incompetentes son apartados. Por supuesto, esto no ocurre siempre, así que debes mantenerte alerta a las oportunidades y estar dispuesto a correr el riesgo para provocar un cambio positivo.

«Sé lo bastante valiente como para vivir la vida de forma creativa».

—ALAN ALDA

LIDERAR LA INNOVACIÓN

Hay que aprovechar la creatividad. Enfocarse en la innovación es responsabilidad del líder.

«Si hubiera escuchado a mis clientes, les habría dado un caballo más rápido», dijo Henry Ford, el pionero de la fabricación en serie que puso a Estados Unidos y al mundo sobre ruedas. La cita la utilizan a menudo aquellos que quieren aclarar que la innovación no es un proceso lineal; a veces tienes que romper el molde y hacer lo que creas que es correcto. Robert Lutz, legendario ejecutivo del mundo del automóvil convertido en autor, hace la misma aclaración en su libro *Guts* [Agallas]. Lutz argumenta en un capítulo que el cliente no siempre tiene razón, y hay que tomar decisiones en interés del cliente. Asimismo, se dice que Carl Bass, director ejecutivo de Autodesk, Inc., apela a la cita de Ford para subrayar el compromiso de su marca de suministrar *software* CAD que abre nuevas posibilidades para los clientes: posibilidades que no pueden visualizarse hasta que trabajan con el nuevo programa informático.[21]

Impulsar hacia delante

Promover la innovación no es fácil, y hay muchos factores implicados: el entorno, las personas, la situación y las circunstancias. Sin embargo, una cosa está asegurada en el entorno empresarial: el compromiso de la cúpula. Henry Ford aprobó la innovación en Ford Motor Company porque él mismo era un experimentador incansable. Esto mismo es aplicable a Carl Bass. Ebanista de formación, le gusta construir cosas y utiliza sus aplicaciones informáticas para ayudarse a innovar.[22] No todos los líderes son creativos a nivel personal, pero si trabajan en una empresa que sobrevive por la innovación, o que necesita cambiar, entonces tienen que encontrar maneras de capacitar a su personal para que sea creativo. Con esa finalidad, veamos algunas sugerencias.

Apunta alto. A la gente la revitalizan los retos. Está en la naturaleza humana querer intentar nuevas hazañas. Si no fuera así, ¿por qué iban a competir los deportistas, a escalar los escaladores o a luchar los políticos por conseguir un cargo público? (Vale, dos de los tres no están mal.) Los líderes pueden indicarle a la gente la dirección correcta. Por ejemplo, Dick Rutan, pionero diseñador aeroespacial, estaba convencido de que podía desarrollar la primera nave financiada por empresas privadas para volar al espacio exterior. Con el respaldo del empresario Richard Branson, él y su equipo lo consiguieron... dos veces. Esta hazaña les granjeó a él y a su equipo el premio X Prize, de diez millones de dólares, que se estableció para fomentar el interés en la carrera espacial privada. Pero, lo que es más importante, el logro de Rutan puede haber abierto la puerta a la exploración y los viajes al espacio por contratistas privados. La comercialización engendra innovación y abre nuevas posibilidades para muchas más personas.

Derriba las murallas. Tom Kelley, director general de Ideo, la firma de diseño, le dijo a *Fast Company* que «el zumbido de la creatividad [tiene que] sonar en tu oficina tan regularmente como sopla la brisa en la playa». Ideo desarrolla ideas con equipos de diversos conjuntos de habilidades; tales diferencias implican que la gente llega a la mesa de negociación con perspectivas diferentes que, si se canalizan de forma adecuada, pueden llevar a un buen diseño. El éxito del diseño de Ideo en sus productos de electrónica, ordenadores y mobiliario, así como una jeringa con forma de bolígrafo para inyectar insulina, la convierten en un nombre a tener en cuenta cuando se trata de innovación aplicada.[23]

No lo tires todo por la borda. No todas las ideas nuevas son buenas. Pero muchas ideas nuevas pueden tener el germen de algo que al combinarlo con otra idea creará algo muy especial. El liderazgo juega un papel especial en este proceso. Los líderes ponen a la gente adecuada en el equipo y luego los deja hacer intercambio de ideas. Pero, al mismo tiempo, está alerta a los gérmenes de ideas que se puedan combinar. Montar una obra de teatro es un ejemplo de esto. Depende del director darles a los actores una plataforma para traer a la vida la historia del dramaturgo. El director trabaja con los actores para combinar palabras, movimiento y matices para crear algo global en lo que el todo es mayor que las partes.

Mira más allá de las cuatro paredes. El doctor Peter S. Kim, director de investigación en Merck, causó sorpresa cuando se unió a Merck y empezó a traer a gente nueva para dirigir la investigación, poniendo fin a una cultura que quizá se había vuelto conservadora. Merck, según el *Wall Street Journal*, se había enorgullecido de desarrollar sus propios medicamentos de forma interna, al contrario que otras compañías farmacéuticas, las cuales, desde hace tiempo, compraban medicamentos prometedores a empresas nuevas más pequeñas. Kim ha inyectado sangre nueva e ideas del exterior. «Merck tiene conocimientos y científicos destacados, y los tenía cuando llegué. [Sin embargo], en algunas áreas sabía que había científicos fuera que eran mejores». El esfuerzo de Kim por colaborar con socios externos también desafió la cultura del «no se ha inventado aquí» de Merck. Merck se vio obligada a volverse menos «arrogante» ante los nuevos socios potenciales, una ventaja para un propósito de innovación.[24]

Asimílalo. Chris Bangle, el director de diseño de BMW y responsable del rediseño de toda la línea, dijo: «Los humanos necesitan tiempo para acostumbrarse a la novedad, incluso aunque la hayan creado ellos mismos». Ahí es donde entra el liderazgo y le asegura al equipo que las cosas están bien como están y que no hay que darle más vueltas. Hacer ajustes solo por hacerlos es contraproducente y ahí es donde viene bien tener una mano firme en el timón que pueda decir cuándo seguir adelante o cuándo regresar al principio y empezar de cero.[25]

Paso a paso

La innovación no tiene por qué ser un cataclismo; puede ser progresiva. Henry Ford no era ni el primero ni el único fabricante de automóviles; era uno entre otros muchos en el área de Detroit en el cambio del siglo pasado que fabricaba esas máquinas recién inventadas. Su innovación estaba en la fabricación en serie, al construir coches con piezas producidas en serie y montarlo todo en la cinta. Su otra innovación era pagar a sus trabajadores un salario lo bastante alto como para permitirles entrar en la clase media y comprar sus productos.

Desgraciadamente, la chispa de la innovación de Ford murió; estaba contento con el Modelo T y se resistió al cambio hasta que fue casi demasiado tarde. Detener la producción del T y cambiar al Modelo A en 1927, un proceso que duró seis meses, le costó a Ford su cuota de mercado dominante ante General Motors, que ha mantenido la primera posición en Estados Unidos y el mundo hasta hoy en día. El problema de Henry Ford fue que no consiguió institucionalizar la innovación en Ford Motor Company. Su hijo, Edsel, era un hombre con gran sensibilidad artística y creatividad personal. Intentó con valentía abogar por nuevos diseños y nuevos productos, pero fueron en buena medida frustrados por su padre. Afortunadamente, unas pocas ideas de Edsel llegaron al mercado, principalmente como productos Lincoln, y hoy son venerados como excelentes modelos clásicos. (Nótese que Edsel Ford no tuvo nada que ver con la fabricación del coche que lleva su nombre; ese vehículo fue nombrado en su honor tras su muerte pero nunca llegó a cautivar al público. Por eso el término «Edsel» se ha convertido en sinónimo de productos fracasados.)

El riesgo es intrínseco a la innovación. Por ejemplo, en la industria farmacéutica solo una diminuta fracción de los candidatos a medicamentos llega a entrar en el mercado. Bajo la dirección de Peter Kim, Merck ha sufrido unos cuantos fracasos. Pero, como dice Kim: «Este es un negocio de alto riesgo, y tienes que hacer tus apuestas. Algunas veces perderás». Enfrentarse al fracaso con honestidad y realismo es también parte del proceso de innovación.[26] La creatividad en una organización no es una iniciativa individual. Necesita tener la bendición de la cúpula, pero el trabajo de innovación lo deben sacar adelante muchas personas distintas, todas trabajando juntas. Es el líder quien los mantiene unidos indicando la dirección correcta y proveyendo de recursos adecuados para el desarrollo.

«La recompensa por ser un buen solucionador de problemas es que te premian con problemas cada vez más difíciles de resolver».

—BUCKMINSTER FULLER

IR DESDE EL QUÉ HASTA EL CÓMO

◼

Decirle a alguien que haga algo es distinto de decirle cómo hacerlo. Lo primero es liderazgo; lo segundo es microgestión. Evita lo último.

Hay una escena clave en la película *Todos los hombres del presidente* que cuenta la historia de cómo los periodistas Bob Woodward y Carl Bernstein informaron y cubrieron la investigación del Watergate. Woodward, interpretado por Robert Redford, acaba de enterarse de que Bernstein, interpretado por Dustin Hoffman, ha reescrito su primera historia sobre el robo en el Watergate. No le agrada la insolencia de Bernstein pero acepta leer el texto. Admite que Bernstein lo ha mejorado, pero sigue estando irritado. El mensaje de la escena es este: «No es lo que has hecho. Es cómo lo has hecho». Es una lección que todo directivo que quiera liderar a otros tiene que tener en mente: lo que haces importa, pero cómo lo haces a menudo importa más.

Decisiones difíciles

El liderazgo ha de tomar decisiones difíciles. Se entiende mejor cuando las empresas se meten en problemas. Normalmente contratan a un director ejecutivo sin vínculos con la compañía y le dan un mandato para que trocee y reparta. Algunos lo hacen mejor que otros. Los que tienen menos éxito imponen su voluntad y no hacen prisioneros; los que tienen más éxito contactan con los directivos y empleados para encontrar soluciones mutuamente beneficiosas a los modelos de negocio no rentables.

Los empleados tienen derecho a saber qué está pasando y por qué está pasando. A veces será necesario cerrar instalaciones y despedir a gente. Te guste o no, esta estrategia tiene que quedarle clara a todo el mundo. Los directivos les deben a su personal el ser sinceros, y cómo lo hagan puede marcar la diferencia entre el éxito y el fracaso. He aquí algunas sugerencias.

Dibuja el escenario global. Las empresas gastan mucho tiempo y dinero en planificación estratégica. No es demasiado pedirles a los altos directivos que difundan lo esencial de esos planes en momentos de cambio, especialmente cuando puedan tener lugar reorganizaciones y despidos. Pero demasiado a menudo los altos directivos hablan con incongruencias tan incomprensibles que se diría que los está vigilando el FBI. Es un paso sencillo explicitar el plan y su efecto en la organización. A menudo los temas de la nómina no están concretados; bueno, no seas vago, dilo. Sé lo más específico posible. Recuerda, el cotilleo detesta los vacíos, por lo que si el mensaje no es claro, quedará muy claro (y mucho peor) en el boca a boca.

Coloréalo. El escenario global es fundamental pero la gente quiere saber qué implica para ellos. Aquí es donde los directivos se ganan el pan. Es cosa de ellos traducir la planificación en acciones concretas para el departamento o el equipo. Por ejemplo, si hay una reorganización la gente querrá conocer la nueva estructura jerárquica, así como las nuevas responsabilidades laborales. Puede que las respuestas no estén siempre listas, pero los directivos tienen que explicar lo que sepan hasta donde sean capaces de explicar. Deja claro que comunicarás lo que sabes en cuanto lo sepas. Planifica repetir este mensaje muchas veces.

Encuentra lugares para los desplazados. Las reorganizaciones desgarran las relaciones, pero a menudo son oportunidades para colocar a empleados con talento y productivos en otros lugares de la organización. Los directivos listos pueden hacer lo posible para encontrarles a dichos empleados un lugar de aterrizaje blando; esta acción no solo es buena para el empleado desplazado, es buena para toda la organización, que retiene a un empleado valioso y formado.

Sé accesible. Las emociones estarán agitadas; la gente querrá hablar o desahogarse. Los directivos tienen que estar disponibles. Mantén abierta tu puerta y déjate ver tanto en las zonas de trabajo como en la sala de descanso. Asegúrate de estar disponible para escuchar. Eso no significa que tengas que soportar el abuso, pero debes tolerar las preguntas. Una vez más, cómo hagas esto marcará una gran diferencia en la gestión del proceso de cambio.

Enfrentar la realidad

Asúmelo, el cambio nunca es fácil, ni siquiera en los buenos tiempos. Pero cuando este implica que la gente tenga que modificar lo que hace y cómo lo hace, es especialmente difícil. Los directivos no pueden exigir «obediencia ciega» cuando dicten órdenes de arriba. Demasiado a menudo a los directivos se les dan las órdenes en marcha sin que a ellos mismos se les haya informado adecuadamente. Eso es especialmente cruel porque se convierten en los mensajeros de malas noticias sin la protección adecuada. Como resultado, la gente cambia o pierde sus trabajos por lo que parece un capricho.

Aunque es cierto que no hay palabras que puedan aliviar el dolor de trasladar o despedir a empleados, la actitud puede marcar una diferencia en cómo se lo tomen los empleados. Un directivo que está dispuesto a aceptar las preguntas o escuchar el lamento de los empleados hará mucho por mitigar la pena. Hace unos años una gran empresa estaba haciendo planes para una crisis; parte del plan era solicitar seguridad adicional para prevenir el sabotaje de los empleados descontentos que se iban a marchar. Aquella seguridad no se llegó a implantar; el despido, aunque doloroso, fue sobre ruedas porque los directivos dieron un paso al frente, presentaron el plan y ofrecieron tanto indemnizaciones como asistencia en la recolocación. Ese equipo directivo actuó en conjunto, y uno no puede más que preguntarse si, de haberse aplicado ese nivel de cuidado al gestionar el negocio en cuestión, los despidos no hubieran sido necesarios. Aun así, sigue siendo un buen ejemplo de comunicación e implantación del qué y el cómo de las decisiones empresariales difíciles.

«Una estrategia sin perfilar pero bien ejecutada será superior a la
estrategia maravillosa que no se ejecuta demasiado bien».
—ALLAN GILMOUR, FORD MOTOR CO.

DELEGAR (Y EJECUTAR) EN BUSCA DE RESULTADOS

Darle a la gente la autoridad para hacer el trabajo es una responsabilidad fundamental del liderazgo.

«Delega los resultados, no las tareas» es una frase que usa uno de mis colegas cuando da formación a altos directivos. A menudo los líderes han ido subiendo categorías y creen que han llegado a dominar la delegación, y a grandes rasgos lo han hecho. Pero a veces los líderes, como todos nosotros, tienen que considerar el impacto de sus acciones. Para mí la delegación es tanto un arte como una práctica. La práctica es el acto de delegar responsabilidad y autoridad en personas y equipos y pedirles cuentas de los resultados. El arte es menos definible. Entra en juego cuando te planteas en quién puedes delegar (¿podrán manejarlo?) y cuándo delegas (¿deberías hacerlo?).

Al arte pertenece la frase: «Delega resultados, no tareas». Esta frase es un aviso para evitar la microgestión. Es decir, describes lo que hay que hacer, pero no dices cómo hay que hacerlo. También ofrece un punto final, un resultado, si lo prefieres. Al enfocarte en el resultado, haces que la persona y los compañeros piensen no solo en lo que tienen que hacer, sino en por qué tienen que hacerlo. En otras palabras, los desafías a pensar de forma estratégica y a actuar de forma táctica.

Delegar resultados es algo que los directivos pueden poner en práctica. Veamos algunas sugerencias sobre cómo hacerlo.

Examina el entorno. Antes de pensar a largo plazo tienes que saber lo que está pasando, tanto en tu casa como en la del vecino. Eso implica que te enfrasques en el negocio para conocer tanto las macrotendencias (gubernamentales, económicas, sociales) como las microtendencias (competidores, clientes) que afectan a tu empresa. Por ejemplo, los administradores de hospitales tienen que conocer las dinámicas de las soluciones de atención sanitaria propuestas por el gobierno, así como las opciones de seguros médicos y de contratación privada. También tienen que saber qué necesitan los pacientes de su zona así como qué otros servicios están ofreciendo los hospitales.

Examina a tu personal. Averigua qué les hace funcionar. Eso requiere que conozcas tanto su forma de pensar y actuar como lo que les motiva. Obsérvalos en acción y en su modo de interaccionar con los demás. Presta atención a cómo consiguen los resultados. Es decir, ¿escuchan a los demás o se empeñan en hacerlo todo a su manera? Cuando aparezcan proyectos grandes piensa en quién sería mejor para dirigir el proyecto. Busca a personas que puedan equilibrar la acción con el consenso. También te interesan los líderes de equipo que puedan pensar con rapidez y hacer que las cosas ocurran.

Examina las grietas. Vendrán problemas. Cuando lleguen, plantéate con antelación lo que vas a hacer. Un buen modelo a tener en mente es el del contratista general que construye una casa. Su equipo ejecuta los planos arquitectónicos y él supervisa las tareas vigilando de cerca el tiempo, los materiales y el presupuesto. Cuando el proyecto se topa con un obstáculo, sabe a quién llamar para cada función específica: carpintería, albañilería, fontanería o electricidad. No lleva un martillo ni una llave inglesa; dirige al subcontratista en la tarea con instrucciones específicas.

No todo el mundo está preparado para delegar resultados y no tareas. Algunas personas no han estado en una posición de autoridad el tiempo suficiente como para saber pensar a largo plazo. Piensan y actúan de forma táctica. Asimismo, no todo el mundo está preparado para aceptar la directriz de la delegación de resultados. Hay que decirles qué hacer y por qué; puede que hasta haya que decirles cómo. Esto ocurre tanto en organizaciones que crecen rápidamente como en empresas emprendedoras; en ambos casos la gente tiene la sensación de que se las tiene que arreglar por sí misma.

Enfocarse en la ejecución

La comunicación tiene un papel fundamental en conseguir que se hagan las cosas. A menudo los líderes dan órdenes y creen que ahí acaba todo. Ese es el error número uno. El error número dos es no vigilar lo que está pasando sobre el terreno. Mientras los desastres arrasaban el Golfo, el presidente estaba ocupado con otras cosas. Ningún líder ni presidente puede ocuparse de todas las cosas, ni debería hacerlo. Por eso los altos directivos necesitan consejeros de confianza; en el caso del presidente, el suyo le falló, hasta que ya fue demasiado tarde. Entonces, ¿qué ha de hacer un líder? Veámoslo.

Crea un sentido de urgencia. Las cosas no se hacen solas. Si quieres que se hagan las cosas a lo grande, o incluso a lo pequeño, tienes que hacer algo de ruido para atraer la atención. Los medios de comunicación noticiosos dieron carácter de urgencia al huracán Katrina. Los ejecutivos de las corporaciones tendrán que encontrar sus propias maneras de publicitar las razones del cambio. Por ejemplo, si tienes que mejorar la calidad, trae a clientes que estén sufriendo por los defectos de sus productos. Los suministradores de atención sanitaria utilizan formularios de evaluación de pacientes para rediseñar los procesos, desde la admisión en el hospital hasta el cuidado postoperatorio y el alta del paciente. Al dar a conocer las evaluaciones, y luego pedirles a los empleados que actúen en consecuencia, generas un impulso para la acción.

Mantente atento. Escucha lo que te diga la gente. Los ejecutivos inteligentes escuchan antes de actuar, especialmente cuando son nuevos en la compañía. Escuchar pone a los empleados al corriente de que las buenas ideas de dentro de la empresa son bienvenidas. Con el tiempo, los ejecutivos que escuchan están más sintonizados con lo que ocurre realmente en una organización, en vez de con lo que creen o lo que se les dice que está pasando. Al escuchar, los líderes toman el pulso de una organización.

Haz seguimiento. Nada se comunica con tanta potencia como un líder que aparece para ver cómo van las cosas. Por ejemplo, los directores ejecutivos autorizan reorganizaciones de forma rutinaria, normalmente con el objetivo de reducir costes y mejorar la eficacia. Ese tipo de acciones quedan bien en los informes anuales y hasta en la prensa económica, pero, ¿de verdad funcionan? No muchas veces. Una de las razones es porque los que están en lo más alto no siempre investigan los resultados de sus acciones. Los altos directivos actúan como si lo más difícil fuera poner su firma en una iniciativa o dar un discurso. Si ese es el caso, ¿alguien se pregunta por qué tantas transformaciones están condenadas desde el principio? En comparación, los líderes que escuchan y visitan a la gente sobre el terreno son esas personas que hacen que las cosas se hagan realidad. Es una simple cuestión de seguimiento.

El desafío para los altos directivos, sin embargo, es desarrollar una organización donde la «delegación de resultados» se convierta en una realidad, al menos para todos desde los mandos intermedios hacia arriba. No conseguirlo puede ser traumático. Hace unos años, un directivo intermedio jubilado me dijo la razón por la que creía que su empresa había fracasado en los últimos años. Le atribuía el declive al hecho de que los altos directivos «gestionaban por debajo de ellos». Es decir, no solo microgestionaban, sino que supervisaban las tareas de personas subordinadas dos y tres niveles por debajo de ellos. Aparte del hecho de que había demasiados niveles (ese es otro problema), el argumento del jubilado era válido. No existía autonomía; a los empleados y directivos se le enseñaba a esperar órdenes. Como resultado, la creatividad era inexistente y la innovación no florecía. Lo peor es que había surgido una cultura de dependencia que impedía que la gente pensara y actuara de forma proactiva. «Delegar resultados, no tareas» es un buen consejo para cualquier directivo en cualquier lugar. Mantiene al directivo enfocado en el largo plazo y a la gente enfocada en el aquí y ahora.[27]

«Lo que creo que más falta en las empresas es gente que realmente comprenda cómo tratar con los empleados rasos».
—FREDERICK W. SMITH, FEDERAL EXPRESS

LIDERAZGO DE ABAJO A ARRIBA

Algunas veces la mejor perspectiva es la que consigues al mirar hacia arriba en vez de mirar hacia abajo.

La base aérea Edwards, en pleno desierto de California, es un buen sitio para aprender sobre la situación que enfrentan los negocios hoy en día. Exactamente, lo relevante es lo que pasa en el espacio aéreo sobre Edwards. Porque es en el cielo donde los pilotos de pruebas examinan los aviones. En la década de 1960, en el apogeo de la construcción de motores de velocidad, como una especie de rival del programa espacial, los pilotos eran de otra casta: en parte ingenieros, en parte mecánicos y en parte demonios. Y es esta última característica la que o bien arruinó o bien salvó a muchos pilotos. Probar prototipos de avión no es para pusilánimes. No solo hay que ser un piloto avispado, también tienes que ser listo, resolutivo y capaz de pensar muy rápido, especialmente si tu avión de repente gira sin control a gran velocidad. Como cuenta el legendario libro de Tom Wolfe, *Lo que hay que tener. Elegidos para la gloria*, los pilotos presumían de su habilidad para emplear la metodología de giro que señalaba: «Hay que intentar A, después B, después C» en los momentos de crisis del vuelo. Algunas veces llegaban hasta la D y luego decían: «Dime qué más puedo intentar». Eso normalmente era mortal, pero, como relata Wolfe, lo seguían intentando hasta el final.[28]

¿Y luego qué?

La incertidumbre es una realidad inevitable en los negocios hoy en día. Siempre lo ha sido, por supuesto, pero en la actualidad ha habido un cambio colosal en la previsibilidad que deriva de ciertas fuerzas que no habían sido factores antes. Geoffrey Colvin, respetado columnista de *Fortune*, identifica algunas de las fuerzas como el auge del globalismo, el poder de los consumidores e inversores y la guerra por el talento. Déjame añadir otra: la velocidad. Colvin dice que los cambios en nuestra economía son similares al cambio ocurrido de la agricultura a la industria hace doscientos años, con una diferencia. Hace doscientos años la transformación era gradual, sucedía durante décadas; hoy es mucho más rápida, sucede en una década o, en algunos casos, aparentemente de un día para otro. Thomas Friedman, en su libro *La tierra es plana*, hace eco de temas similares: el impacto de la globalización en las economías y las personas de India y China y lo que eso implica para nosotros. Para los directores ejecutivos implica un alto grado de incertidumbre.[29]

Lo que no ha cambiado, no obstante, es lo que los pilotos siempre han sabido. Para salir airoso de las turbulencias, o de los tiempos turbulentos, tienes que ejercer el liderazgo. El liderazgo de hoy requiere una mezcla de muchas cualidades diferentes, pero permíteme describir unas cuantas que son particularmente relevantes.

Marca la dirección. Depende del líder determinar adónde se dirige la empresa. Eso es obvio pero, ¿qué se supone que debes hacer cuando no sabes qué extremo va hacia arriba? Es decir, ¿qué haces cuando descubres que lo que funcionó en el pasado no funciona ahora? Toda generación de comandantes del ejército se ha enfrentado a ese dilema en el campo de batalla cuando las nuevas generaciones de armamento hacen obsoletas las estrategias y las nuevas formas de lucha hacen insignificantes las tácticas comprobadas. Los buenos líderes aceptan el desafío y adoptan las nuevas ideas poniéndose en situaciones en las que puedan escuchar y aprender.

Por la inmersión en nuevas culturas, respaldada por inyecciones de ideas nuevas de un conjunto diverso de personas, la organización crece y se adapta. El joven coronel Washington aprendió esta lección al luchar con los británicos en la guerra franco-india. En la masacre de Monongahela las tropas británicas entrenadas para la guerra europea fueron aplastadas por el adiestrado estilo de guerrilla de las tropas francesas y los aliados indios. Dos décadas después Washington empleó las mismas tácticas de guerrilla al luchar contra los británicos durante la Guerra de la Independencia. Hoy en día los emprendedores como Sergei Brin y Larry Page de Google están explotando nuevos modelos de negocio en buscadores, incorporando lecciones de anteriores compañías conocedoras de la tecnología con un enfoque de mercado más inteligente.

Prepárate bien. Una vez que la dirección esté marcada, la organización tiene que llevarla a cabo y ejecutarla. Sin embargo, lanzarse a la ejecución sin conseguir apoyo es un error. Es lo que lleva a lanzamientos fracasados de servicios y productos, así como al fracaso de muchas iniciativas bien intencionadas. Las personas tienen que saber lo que se supone que tienen que hacer, y aceptar respaldarlo, antes de que la organización pueda seguir adelante. Eso requiere una comunicación bidireccional incesante. Los líderes tienen que presentar la argumentación empresarial así como la individual (p. ej., qué gano yo con esto). La alineación, desde el propósito hasta la ejecución, es fundamental. Ten en mente que aunque los líderes deban considerar las opiniones de los demás, la mayoría no tienen por qué mandar siempre. A veces el líder debe ponerse firmemente en contra de los deseos de la mayoría para conseguir los resultados buscados, especialmente cuando está haciendo lo que es mejor para la organización.

Posibilita el riesgo. El paso de la dirección a la ejecución, con la ayuda de la alineación, es noble. Pero es lineal por naturaleza. Nuestro mundo, especialmente hoy en día, es todo menos lineal: es multidimensional. Nunca se sabe cuándo o de dónde vendrá la próxima gran idea o, por el contrario, la próxima gran amenaza. La preparación para las contingencias es fundamental, claro, pero también te interesa que tu personal piense de forma creativa. Pero no lo harán si no tienen autorización de sus superiores. Empresas como 3M y W. L. Gore valoran el riesgo porque saben que desemboca en ideas que podrían ser aplicables algún día. No necesariamente de inmediato, pero en algún momento. Los investigadores de Gore experimentaron con un revestimiento que, por sí mismo, no tenía nada de especial, pero que engendró industrias completamente nuevas, incluidas las cuerdas de guitarra (Elixir) y los cables para bicicletas (RideOn).[30]

Volver a lo fundamental

Cada uno de estos elementos es vital para el éxito en los negocios hoy. Pero un elemento clave del que no se discute lo suficiente es el del liderazgo personal. Hubo un tiempo en el que la industria era jerarquía. El jefe en la cima te decía qué tenías que hacer, y tú lo hacías. Aunque la jerarquía aún está en su lugar, el «quién le dice a quién» es muy diferente. Sí, los altos directivos marcan la dirección, aseguran la alineación y posibilitan el riesgo, pero los buenos líderes saben escuchar bien. No solo escuchan lo que dicen las personas, también entablan conversación con ellos y aceptan tanto múltiples puntos de vista como nuevas ideas.

El liderazgo nunca ha sido un acto individual; implica unir a gente en una causa común. Pero nunca descubrirás lo que es «común» (p. ej., qué tiene la gente en la mente), ni conseguirás apoyo para la «causa» (p. ej., qué tiene que hacer la gente) si no entablas conversación y escuchas lo que la gente dice o deja de decir. Los comunicadores expertos pueden atraer a los empleados y ganarse su apoyo. Pero eso solo funcionará si dichos líderes se empeñan en una comunicación bidireccional activa.

Rara vez es de los líderes de quien emergen las ideas innovadoras. Vienen de personas en la organización que presentan esas ideas para procesos, productos o servicios. Los líderes crean culturas en las que dichas ideas pueden florecer. La mayoría de los productos nuevos no triunfan; la tasa de fracaso de productos nuevos es asombrosamente alta. Pero el espíritu creativo, fomentado por la cultura adecuada, asegura que continúen llegando nuevas ideas. Sony es experta en generar nuevos productos; muchos han fracasado, pero las ideas siguieron fluyendo porque tenía la cultura de cuidar los productos durante su proceso de desarrollo.

Algunos directores ejecutivos sobrevivirán y prosperarán en mercados mirando desde arriba porque son clarividentes al menos durante un momento, pero muchos más directores ejecutivos sobrevivirán porque se apoyarán en el liderazgo de su personal, así como en el suyo propio, para hacer que la empresa siga avanzando. Es más, mantienen la calma cuando la empresa empieza a tambalearse y no dudan en emplear un nuevo modelo de negocio.

«Hay un camino desde el ojo hasta el corazón que no pasa por el intelecto».

—G. K. CHESTERTON

HAZ QUE SEA PERSONAL (A VECES)

■

Los líderes tienen que mantenerse lejos de la batalla, pero algunas veces deberán emplear el poder de su personalidad para provocar el cambio positivo.

A nadie le resultará sorprendente que los políticos tengan grandes egos. Esta idea me venía a la cabeza una y otra vez mientras leía el último volumen de la trilogía de Taylor Branch *At Canaan's Edge: America in the King Years: 1965–1968* [A las puertas de Canaán: América en los años de King: 1965–1968]. Página tras página asoma la figura de Lyndon Johnson, y al leer la transcripción de las grabaciones realizadas de sus conversaciones en el Despacho Oval me llamó la atención la cantidad de veces que utilizaba el pronombre *yo* o se refería a algo o a alguien como a *mío*. Johnson era una figura colosal, tanto en estatura como en influencia; ejercía poder en el Senado con una mezcla de comprensión, miedo y transigencia. Esas habilidades se amplificarían en su presidencia.

Sería muy intimidante escuchar a Johnson gruñirles a los miembros del personal o quejarse ante amigos y asociados de «mi guerra» y cómo no podía convertirse en el primer presidente que perdiera una guerra. Al teléfono, Johnson le confió a su viejo amigo, el senador Richard Russell, «el grave problema en el que estoy metido». Continuó: «Cuantas más bombas lanzas, a más países asustas». Concluyó esta conversación con melancolía:

«Bueno, si dicen que he heredado [la guerra] seré afortunado. Pero si todos dicen que la he creado...». Con la retrospectiva de la historia, ahora vemos lo terriblemente mal que estuvo esa guerra, pero en aquel momento Johnson estaba convencido de que estaba bien.[31]

El ego manda

Los directores ejecutivos, también, tienen un fuerte sentido del ego. No puedes liderar sin una firme creencia en tus propias capacidades. Si quieres que los demás te sigan, tienes que demostrar que tienes lo que hace falta para liderarlos. Los seguidores te mirarán en busca de guía; quieren ver fuerza. Sin embargo, demasiado a menudo los líderes imponen su ego sobre toda la organización.

Chainsaw Al Dunlap era un clásico líder autocrático; reprendía a las personas y las intimidaba. Le movía el enriquecimiento personal. Cuando el ego va por delante del sentido común pueden pasar cosas malas, como vimos con Johnson en Vietnam. Al mismo tiempo, el liderazgo trata acerca de tomar decisiones difíciles: no todas las decisiones, sino las importantes. Así que cierto grado de personalización, que tenga que ver con la determinación y la confianza, es vital. Saber cuándo ejercer el ego es fundamental. Las siguientes son algunas cosas a tener en cuenta.

Escucha. El liderazgo rara vez es un acto individual; depende de la armonía entre el líder y el seguidor. Una manera en la que el líder sintoniza con esa armonía es al escuchar. Entre otras virtudes, escuchar demuestra que te importa lo que los demás tengan que decir, y también que estás dispuesto a contemplar distintos puntos de vista. A menudo los líderes se meten en problemas cuando se aíslan de la realidad. Esta es una queja que se presentó a menudo contra la administración de George W. Bush. El presidente se atrincheró frente a las opiniones divergentes y se apoyó en un puñado de asesores cercanos con los que podía contar para que le dieran consejos que apoyaran su propia visión del mundo. Por el contrario, los líderes que se aseguran de mantener el contacto tienen menos probabilidades de ser tan estrechos de miras.

Mira en tu banquillo. Carol Bartz soltó las riendas de AutoDesk en mayo de 2006. La persona que la sustituyó, Carl Bass, es alguien a quien ella había despedido. Bass acabó regresando al redil y Bartz se dio cuenta de que sus fortalezas compensaban todos los contras. También comprendió que era el momento de que se fuera para permitirle a Bass liderar la compañía. Bartz, como muchos directores ejecutivos, entiende que hay muchos líderes capaces dentro de las organizaciones de éxito. Todos esos líderes necesitan una oportunidad para probarse a sí mismos. Los buenos líderes les ofrecen desafíos de manera progresiva. Cuando más éxitos tengan, mayores serán las responsabilidades. Asimismo, si cometen un desliz, los líderes no dan un portazo. Asesoran y aconsejan y encuentran formas de que los aspirantes aprendan y finalmente prosperen.[32]

Da la cara. Cuando hay problemas en juego tienes que hacerles frente. Mira el ejemplo del inspector James Walsh de la Policía Montada del Noroeste, la primera fuerza policial en el oeste de Canadá. En 1870 algunas tribus Sioux de las Dakotas migraron hacia el norte a Canadá. Una de las tribus era liderada por Toro Sentado, el legendario jefe de los Hunkpapa que había obtenido la victoria en Little Big Horn. Le tocó a Walsh, de los montados, averiguar las intenciones de Toro Sentado y con unos cuantos compañeros cabalgó hasta su campamento. Eso le granjeó reconocimiento y respeto inmediatos. Toro Sentado le explicó a Walsh que su abuelo una vez había luchado junto con los británicos y que le dijeron que él y su pueblo serían bienvenidos en «la Tierra de la Abuela» (llamada así por la reina Victoria).

Walsh le dijo a Toro Sentado que era bienvenido a quedarse siempre y cuando obedeciera las leyes canadienses, no interfiriera en las tribus canadienses y no usara la tierra canadiense como base para atacar a los casacas azules estadounidenses. Pero lo que impresionó a Toro Sentado más que la valentía de Walsh fue su insistencia, respaldada por su ejemplo, en que en Canadá tanto indios como blancos estaban sometidos a las mismas leyes. Fue ese principio el que mitigó el derramamiento de sangre entre nativos y blancos en la colonización del oeste de Canadá.[33]

Ejercer la autoridad apropiada

El ego a veces es necesario. Volviendo a Johnson, en sus negociaciones con Martin Luther King sobre los derechos civiles, su personalización del asunto fue una ventaja. Por ejemplo, tras asumir el cargo después del asesinato de Kennedy, Johnson le dijo a King: «Intentaré ser digno de todas tus esperanzas». Branch capta una reunión memorable con el gobernador de Alabama, George Wallace, en la que Johnson aplicó lo que se conocía como «el Trato», utilizando su imponente talla física y su proximidad para acobardar a alguien hasta la sumisión. Wallace dejó la Casa Blanca conmocionado y sin apenas dudas de que el gobierno federal no defendería sus chanchullos en cuestiones raciales. No hay duda de que sin el respaldo de Johnson a los derechos civiles en 1964 y a los derechos al voto en 1965, las propuestas nunca se habrían aprobado. Johnson, un sureño que conocía tanto la pobreza como el racismo, invirtió buena parte de su presidencia en intentar derribar murallas institucionales basadas en el color.[34]

La personalización puede ser una ventaja, sí, pero hay que usarla con cuidado. Utilizada con moderación puede tener un efecto genial. Utilizada sin necesidad puede tener un efecto dañino en la organización. Si hay demasiado poder, o demasiado yo, centrado en el líder, entonces la gente nunca aprende a liderarse a sí misma. Se quedan como perpetuos niños de guardería, siempre esperando a que les digan qué hacer a continuación. Nunca desarrollan las habilidades que necesitan para hacer que la organización avance. Y cuando el líder se marcha, ya sea voluntariamente o no, entonces la organización es arrojada al caos. Muchos negocios familiares acaban en ruinas porque el patriarca nunca delegó en sus herederos y, tras su muerte, estos estaban mal preparados para llevar el negocio, principalmente porque carecían de experiencia. El poder personal es fundamental para el liderazgo, pero gran parte de ello es como un plátano demasiado maduro: ¡un desastre apestoso!

«Ganar no lo es todo, pero querer ganar sí lo es».

—VINCE LOMBARDI

MANTENER UNA CULTURA GANADORA

■

Los resultados llegarán. Los grandes resultados son el desenlace de la planificación, la ejecución y el liderazgo.

Cuando los New York Yankees salen al campo en el Estadio Yankee, la multitud ruge. Las gorras de color azul oscuro con el logotipo complementan sus clásicos uniformes blancos de raya diplomática. Lo que es más importante, los jugadores que visten esos uniformes se sienten especiales; están jugando para la franquicia deportiva con más éxito de Norteamérica. El cliché de que la victoria llama a la victoria no es solo una bonita frase; es una realidad. Los equipos que esperan ganar, ganan. El mismo espíritu se aplica a los New England Patriots, así como al Manchester United; cada franquicia ha hecho de ganar un hábito. Puede que los jugadores y entrenadores cambien, incluso los propietarios también, pero la actitud ganadora continúa. Al contrario, los equipos perdedores continúan perdiendo. Cuando los jugadores de los Tampa Bay Devil Rays o los Arizona Cardinals salen a sus respectivos campos, no esperan ganar; simplemente quieren acabar el partido. Hay jugadores de talento en clubes de béisbol perdedores, pero como no tienen la experiencia colectiva de ganar como equipo, no ganan.

Esperar ganar

La analogía de la victoria no se limita al deporte. Tiene implicaciones para los negocios también. General Electric ha sido una de las empresas más grandes del mundo durante casi un siglo; su historial de rentabilidad constante, respaldado por una dirección fuerte, es un modelo que siguen otras muchas empresas. Toyota es un competidor implacable. Al impulsar su propio sistema de producción, Toyota, que se enfoca en la mejora y el aprendizaje continuos, se ha convertido en el fabricante de coches más admirado del mundo. Muchas empresas más pequeñas, conocidas solo por los clientes de sus mercados, son ganadoras en sus propias áreas. Han perfeccionado la fórmula para producir beneficios constantes a largo plazo. Sus directivos saben cómo triunfar y lo ponen en práctica.

El éxito depende de la cultura, pero la cultura se define como las creencias colectivas y las convicciones de la empresa. Resúmelo como «la manera en la que hacemos las cosas aquí». La gente de la empresa espera tener éxito. Inculcar una cultura ganadora depende de la actitud que se le transmite a cada empleado. He aquí algunas sugerencias.

Trabaja por la excelencia. Ganar es el resultado de la intención y el proceso. Es decir, tienes que determinar lo que quieres que la empresa consiga y luego conducirla para conseguirlo. No es suficiente tener una estrategia sólida; necesitas tener a gente que la pueda poner en marcha. Cada vez más, los departamentos de recursos humanos se están poniendo de acuerdo con la gente de la cúpula de la compañía para encontrar personas que puedan cumplir con los roles y las responsabilidades para la empresa. Por ejemplo, si quieres enfocarte en la innovación en tecnologías de la comunicación, deberías equiparte con cerebros de primera clase de las mejores escuelas de ingeniería. Pero eso no es todo; tendrás que traer a vendedores avispados que entiendan lo que quieres hacer para que puedan generar entusiasmo en torno al producto. Es más, te interesa trabajar por la multifuncionalidad.

Exige excelencia. La gente competente quiere trabajar en un entorno en el que pueda triunfar. Pon las expectativas altas. Una razón por la que la academia militar de las fuerzas aéreas (precursora del programa de la Marina Top Gun) ha tenido éxito es porque atrae a pilotos que creen que son los mejores y quieren demostrarlo. Una y otra vez. Los directivos pueden inculcar un deseo similar al exigir estándares de excelencia que comiencen con cosas pequeñas como la diligencia y la puntualidad, así como la cortesía y la cooperación. Luego, eso lleva a establecer metas altas para el trabajo en términos de productividad, calidad y resultados. Unos estándares así unen a la gente; aquellos que deciden no trabajar en ese entorno se van.

Pon en práctica la excelencia. El movimiento se demuestra andando. Los líderes son juzgados por los resultados, pero esos resultados vienen de los esfuerzos conjuntos del equipo. Las altas expectativas prepararán el terreno, pero dependerá de los líderes capacitar a su personal para que triunfe. Los líderes aprenden a apoyar equipando a su personal con estrategias sólidas, además de los recursos que necesiten para hacerlas realidad. Por ejemplo, si estás desarrollando un nuevo producto de *software*, necesitas programadores que escriban, corrijan y solucionen los problemas de los códigos. A menudo, el tiempo es el recurso más escaso de todos, y ahí es donde los líderes echan una mano o, si no, mendigan, toman prestada y roban mano de obra de otros equipos. (Recuerda el quid pro quo para futuros equipos.)

Recompensa la excelencia. Para muchos ganadores el trabajo es la recompensa, pero los líderes nunca pueden dar esa actitud por sentada. La gente ansía reconocimiento, especialmente los triunfadores. El reconocimiento del jefe y del equipo es a menudo lo más enriquecedor a nivel psíquico. Cuando los directores ejecutivos dedican tiempo a darle al equipo una palmadita en la espalda, eso quiere decir algo. Muchas empresas tecnológicas tienen un sistema interno de premios a la innovación; algunas empresas de productos de consumo hacen lo mismo. Es una forma de que los equipos compitan, pero al final promueve la competencia sana y el reconocimiento de equipos al completo. Asumámoslo, eso sí; las placas son importantes, pero tienes que dar algo de dinero de vez en cuando. Los premios y las primas no solo estimulan la excelencia, demuestran el compromiso a reconocer la excelencia.

Ganar en todos los niveles

Ganar en los negocios no trata estrictamente del resultado del balance financiero. Cada vez más el concepto del triple resultado es lo que importa. Es decir, las empresas deben tener éxito a nivel financiero, ser buenos administradores de los recursos naturales y buenos vecinos. No es solo palabrería contracultural. Respetados líderes de negocios tan diversos como Jeff Immelt de GE y Warren Buffett de Berkshire Hathaway han defendido la idea de conseguir resultados de negocio sostenibles, de los que las partes interesadas (empleados y accionistas) puedan sentirse orgullosos y con los que los clientes disfruten comerciando. Trabajar en negocios renovables y regeneradores es una forma de ganar.

Al final, las organizaciones no ganan: lo hace la gente. Por eso es imprescindible que los directivos creen condiciones donde la gente quiera sobresalir. Quieren ganar por la competición, pero también porque es bueno para ellos. Se sienten bien por lo que han conseguido y lo que pueden llegar a conseguir. Ganar no lo es todo, pero siempre es mejor que su alternativa. Y, como ya han comprobado los negocios exitosos y los equipos de deportes una y otra vez, la victoria genera victoria.

Parte III

Maneja las dificultades

Pocas cosas salen como estaba planeado. Depende de los líderes enderezarlo tanto como puedan. Dicho esto, los líderes no pueden ni deberían hacerlo todo ellos mismos. Deben dar buen ejemplo para que otros aprendan tanto a pensar de forma creativa como a destruir obstáculos. Sin embargo, como siempre, los líderes tienen un papel clave.

«Compórtate con todos como si acogieras a un huésped ilustre».

—CONFUCIO

CALMAR LA TENSIÓN

La tensión que discrimina a las personas es destructiva; la tensión que discrimina las ideas puede ser útil. Los líderes deben discernir la diferencia.

Si los líderes son valorados por momentos concretos de sus vidas, entonces este es el momento que destaca. El 13 de agosto de 1872, Toro Sentado, jefe de la tribu Hunkpapa de los Lakota Sioux (unos años antes de establecerse en Canadá), realizó un acto que permanece en la memoria de su pueblo hasta hoy. Fumó una pipa, como había hecho tantas veces antes y como haría tantas veces después. Dónde lo hizo era lo extraordinario: en un descampado en el campo de tiro de los casacas azules que estaban protegiendo a los trabajadores que construían las vías de ferrocarril de la Northern Pacific. Como cuenta el historiador y biógrafo James Utley, Toro Sentado entró en el campo de tiro, se sentó y cargó tranquilamente su pipa de tabaco y gritó: «Los [indios] que quieran fumar conmigo, que vengan». Su sobrino, otro miembro de la tribu y dos Cheyenne salieron para unirse a él. Con las balas que pasaban zumbando sus compañeros fumadores estaban comprensiblemente nerviosos, pero Toro Sentado no. Se tomó su tiempo, entreteniéndose incluso en limpiar la cazoleta de la pipa antes de regresar con los otros Lakota que lo estaban mirando. Un observador, Toro Blanco, rememoraba la acción de Toro Sentado como «el acto más valiente posible».[1] También fue una acción que calmó la tensión del momento.

Cómo controlar la presión

La presión puede ser una ventaja; centra la atención y puede inducir torrentes de adrenalina que mejoren la concentración y, en última instancia, el desempeño. Pero demasiada presión puede tener justo el efecto contrario; puede hacer que la gente se retire y se encoja. A los triunfadores les encanta cuando las cosas están al rojo vivo. Vemos estos impulsos competitivos en Tiger Woods cuando está disputando un título importante el domingo por la tarde. Asimismo, los vemos en los equipos de ventas triunfadores que se crecen cuando la meta está a la vista. Pero no todo el mundo está hecho de la misma pasta; pocos seres humanos pueden igualar la intensidad de Tiger, sin mencionar su *swing*. Y no a todo el mundo le entusiasma la competición como a los vendedores.

Los buenos directivos están alerta para evaluar el ambiente de sus equipos; saben cuándo bajar la intensidad y hacer que todos se sientan relajados. Saben cómo convertir la urgencia del momento en algo que se pueda llevar a la práctica. Una cosa es notar la tensión del equipo; otra cosa es calmarla y hacer que la dinámica cambiada te funcione. Mantener la calma es un valor que los buenos líderes tienen que cultivar. Veamos cómo hacerlo.

Divídelo en partes. Todo directivo debe operar con el panorama general en mente, es decir, alcanzar las metas y objetivos del año. Pero algunas veces ese panorama es, bueno, demasiado amplio. La meta de ganar un premio o luchar por un récord de ventas es loable, pero solo sucederá, como diría un *coach*, «cuando hagas bien las cosas pequeñas». ¿Qué quiere decir eso exactamente? Quiere decir que debes establecer prioridades en el flujo de trabajo; debes hacer lo que puedas hacer cada día. Trabajarás con los recursos que tienes y le seguirás la pista al trabajo realizado. Un buen directivo controlará los detalles (no los microgestionará) y pedirá apoyo extra cuando sea necesario. Cuida de los detalles y todo el panorama se completará bien.

Convierte la urgencia en acción. Las organizaciones de éxito exigen un alto rendimiento porque ellos lo cumplen. Sin embargo, la presión de tener éxito puede abrumar sin el sistema de apoyo adecuado. Por eso los buenos directivos dividen las cosas en partes controlables. Por ejemplo, la Clínica Mayo disfruta de una merecida buena reputación por su atención al paciente; esa atención en términos de diagnóstico y terapia es dirigida por médicos, pero es promovida y desarrollada por magníficos equipos de enfermeras, técnicos y personal de apoyo. La gente está centrada en la misión; saben lo que tienen que hacer, y disfrutan haciéndolo. La urgencia de ofrecer una buena atención se mantiene al tener personas bien formadas que hacen su trabajo y apoyadas por directivos que se centran tanto en los detalles como en la atención personal.

Aligera la carga. El humor es una forma estupenda de hacer que la gente se relaje. Todos los equipos deportivos parecen tener un bromista: alguien que hará las pequeñas tonterías para que los jugadores estén distendidos, tales como llenar los zapatos de los jugadores de espuma de afeitar o ponerle caras a un compañero de equipo mientras está ante la cámara. ¿Inmaduro? Quizá, pero el efecto global es que los equipos necesitan desahogarse y está bien hacerlo de manera inofensiva. Los entrenadores hacen eco del humor contando chistes, pinchando a los jugadores de forma jocosa y hasta permitiéndose ser el blanco de una o dos bromas. En el mundo corporativo los directivos también pueden mantener las cosas en calma. Plantéate pegar viñetas cómicas en el tablón de anuncios, comenzar las reuniones de personal con una anécdota divertida o, lo mejor de todo, reduciendo las reuniones al mínimo. Quizá planificar un descanso para tomar café todos juntos en vez de una reunión de personal posibilitaría que la gente charlara y conversara. ¿Adivina qué? Hablarán de trabajo, pero de forma relajada. Puede que surjan algunas ideas buenas.

Sigue apretando (de forma apropiada)

La tensión no es del todo mala. Apretar puntos de presión es bueno, pero hay límites. Mantener a la gente demasiado calmada y relajada puede llevar a la complacencia. Por ejemplo, vemos mucho en el deporte que los equipos ganadores de un campeonato no repiten, cuando a menudo tienen básicamente los mismos jugadores en plantilla. La razón del fracaso a la hora de ganar de nuevo puede que no sea el talento ni la habilidad, sino el desajuste y la distracción. Los jugadores ganadores son asediados por solicitudes de apariciones y promociones; la urgencia de ganar se diluye en la complacencia. Los equipos de ventas también pueden perder su ventaja competitiva. Entonces le toca al líder espabilar al equipo: llamar al equipo al orden y reenfocar su atención en las prioridades.

Puede que encontrar un buen equilibrio entre tensión y calma sea una de las mayores virtudes de un directivo. De las dos, la última es siempre la más difícil. La alta dirección está siempre presionando, y hace bien, por una productividad creciente y unas metas bien aprovechadas, así que la urgencia está al orden del día. Demasiada, como gritar exhortaciones o reprimendas, pronto deja de hacer efecto, y la gente se siente apaleada e incluso derrotada. Ahí es cuando los líderes hábiles encuentran formas de aligerar la carga, primero manteniendo la calma, o actuando como si así fuera, y luego buscando maneras de mantener a las personas relajadas pero centradas. Y puede que ese sea el mayor reto de todos.

«Aprender de nuestros enemigos es la mejor manera de amarlos,
porque nos coloca en una actitud agradecida hacia ellos».

—FRIEDRICH NIETZSCHE

CONECTA CON EL ENEMIGO

*¿Quién dice que no se puede hablar con el otro bando? Se puede conseguir
mucho hablando con gente que está en contra de tu punto de vista.*

Una de las recomendaciones del grupo de estudios sobre Irak, que se formó para investigar la guerra en dicha nación, fue que Estados Unidos negociara con dos de sus enemigos acérrimos, Siria e Irán. Lee Hamilton, copresidente del grupo, explicó su posición en un texto corto que apareció en una versión en línea del *New York Times*.

> «Hablar vale la pena —afirma Hamilton— aun cuando no alcances un acuerdo inmediato. Cuando te sientas con otros países puedes explicar mejor tus políticas, tantear las intenciones de tu adversario, recabar información, impedir malas acciones y granjear confianza. También presentas una imagen del mundo más razonable y menos arrogante».[2]

Relacionarse con el otro bando

Las recomendaciones de Hamilton y el copresidente James A. Baker III también contienen lecciones para directivos. La relación con la oposición es fundamental para que se hagan las cosas. A veces la confrontación es el único recurso, pero solo como última opción. Es mejor hablar, incluso discutir, que avasallar a la oposición, especialmente cuando trabajan para la misma organización. Pero demasiado a menudo las negociaciones internas sobre asuntos que abarcan desde las cosas significativas, como el lanzamiento de un producto o una reorganización, hasta las insignifican- tes, como quién se queda con qué despacho, se convierten en episodios encarnizados. Eso no solo absorbe nuestro tiempo: también agota nuestra energía. La gente pasa demasiado tiempo peleándose en vez de constru- yendo. Y los que están en el bando perdedor de una discusión se llevan la peor parte, la pérdida de control y el ánimo minado. Para evitar este dile- maesto, esto es lo que puedes hacer.

Abre la puerta. La pasión es vital para el éxito de la empresa. Tienes que creer en lo que haces y luchar por ganar porque te importa. La pasión, sin embargo, puede ser un perjuicio al relacionarse con el otro bando. Probablemente en las negocia- ciones de alto riesgo el otro bando sienta la misma pasión que tú por el asunto. Los ejecutivos de éxito aprenden que con solo atenuar la pasión se puede abrir la puerta al diálogo. Eso no significa que dejes de creer en lo que haces; significa que debes dejar de creer que tu manera de actuar es la única. Piensa en esta operación mate- mática: 1+1=3. Las buenas ideas mejoran con las aportaciones de otras personas.

Tiende la mano. Da el primer paso. Algunas veces los demás sentirán que no pue- den hacerlo porque se percibirá como un signo de debilidad, que no puedes cumplir tu misión. Puede que eso funcione en el póquer, pero no funciona en la política de las organizaciones. Buscar un lugar común, como se dice en política, es un signo de liderazgo. Considera fortaleza de carácter el hecho de que no estés jugando al todo o nada, sino más bien jugando para ganar, no solo por ti sino por la organización.

Renuncia a algo. Las palabras son fáciles; las acciones son difíciles. Por lo tanto, renuncia a algo para probar que vas en serio con la negociación. A lo que renuncies depende de las circunstancias. Puede que signifique hacer más con menos personas o recursos, o ceder el control total. Lo dicho, el grupo de estudios sobre Irak es un buen ejemplo. El grupo estaba compuesto por diez personas, cinco de cada partido, republicanos y demócratas. Esa colaboración de los dos partidos es muy importante para ganar credibilidad, así como para encontrar soluciones reales a un problema que afecta a todos los estadouniden- ses, no a los fieles al partido de uno u otro bando.

Conservar tus valores

«La guerra es la continuación de la política por otros medios», escribió Karl von Clausewitz, el estratega militar prusiano del siglo dieciocho. A veces hablar no funciona y el acercamiento se hace inútil. Entonces tienes que reunir tus fuerzas y defender lo que crees. Por ejemplo, a menudo hay tensión entre las sucursales y las oficinas centrales, particularmente en organizaciones franquiciadas, ya sean de comida rápida o concesionarios de automóviles. Cuando llega el momento de realizar mejoras en los productos o servicios, los altos ejecutivos de ventas sirven de abogados defensores del cambio. Los financieros que pasan más tiempo con números que con clientes a veces se interponen en el camino; intentan proteger el resultado del balance. Los ejecutivos de ventas hábiles aprenden a usar sus franquicias para argumentar a su favor. De esa forma, se enfrentan a los contables obsesionados con los números mientras defienden a sus clientes.

El conflicto, sin embargo, no puede perdurar dentro de una misma organización. Incluso la Guerra Civil de Estados Unidos tuvo un final; ambos bandos dejaron de lado las diferencias y comenzaron el proceso de curación. Las heridas no sanaron de un día para otro, pero se convirtieron en una única nación de nuevo. Lo mismo sucede cuando los conflictos se resuelven. A menudo le toca al victorioso ser magnánimo. Winston Churchill era generoso con sus adversarios políticos después de ganar una discusión. Pasaba poco tiempo regodeándose y más tiempo construyendo coaliciones, necesarias en un sistema parlamentario, pero también en su naturaleza. A lo largo de su carrera, Churchill se encontró en el bando equivocado de una propuesta perdedora, a menudo a costa de perder poder y, lo que es peor, influencia. Así que cuando recuperaba poder cuidaba de ser más conciliador que jactancioso.

«Un ejército de principios —escribió el patriota y panfletista estadounidense Thomas Paine— puede penetrar donde un ejército de soldados no puede». Los principios, por tanto, anulan el conflicto. Relaciónate con el enemigo al máximo. Aprende lo que hace mejor que tú y, a cambio, enséñale lo que tú haces mejor con tu propio buen ejemplo. No es fácil, claro, pero dada la naturaleza competitiva de nosotros los humanos, quizá sea el mejor recurso para la supervivencia.

LECCIÓN 29

«La semana que viene no puede haber ninguna crisis. Mi agenda ya está completa».

—HENRY KISSINGER

GESTIONAR LAS CRISIS

Mantenerse tranquilo, calmado y sereno en momentos de estrés es una obligación. Averiguar cómo hacerlo es un desafío continuo.

El mundo recibió una lección sobre cómo se puede estar en dos lugares al mismo tiempo el 7 de julio de 2005, cuando el primer ministro Tony Blair se dirigió a la nación tras las explosiones en el transporte de Londres. Hablando desde el emplazamiento de la cumbre de los países del G8 en Escocia, Blair hizo una declaración corta pero elocuente sobre la necesidad de mantenerse firmes ante los terroristas. Después se marchó rápidamente a la capital para recibir de primera mano una evaluación de la situación; cuando caía la noche regresó a la cumbre.

En verdad, las fuerzas de seguridad y los equipos de rescate no necesitaban al señor Blair en Londres, pero su pueblo sí. Los británicos necesitaban el consuelo de saber que su líder estaba presente. A la vez, la cumbre del G8 siguió adelante sin Blair, pero necesitaba su liderazgo como anfitrión para demostrar el compromiso de Gran Bretaña, así como el compromiso del mundo, a la hora de afrontar los asuntos urgentes del día, tales como el sida, la deuda del Tercer Mundo y otras cuestiones económicas. La actuación de Blair contrastó grandemente con la de su compañero del G8, Vladimir Putin, que siguió de vacaciones durante el ataque terrorista checheno en un teatro de Moscú. Putin fue duramente criticado, y cuando los terroristas atacaron de nuevo un tiempo después, Putin estuvo presente y visible.

Normas de visibilidad

Comunicarse en una crisis no es algo reservado a los líderes mundiales. Los líderes corporativos tratan con crisis de forma regular. A menudo, cuando hay una explosión en una planta o un accidente en una instalación, los altos directivos se apresuran en ir al lugar. Su presencia les da a los empleados la seguridad de que se preocupan por ellos. Muy a menudo, cuanto más visibles sean los líderes en la crisis más resistente se vuelve la organización. La visibilidad en la crisis es una forma de comunicación. La mayoría de los departamentos de asuntos públicos tienen planes de comunicación en crisis, pero la gestión de las crisis no es solo incumbencia de las relaciones públicas; debería ser la responsabilidad de los directivos de toda la organización. Elaborar una respuesta y después actuar en consecuencia es fundamental. Veamos algunos puntos que considerar.

Déjate ver. Una compañía de atención médica tuvo una complicación con una de sus terapias. Murieron algunos pacientes. En vez de correr y huir, la compañía enfrentó el asunto y corrigió el problema. También hizo otra cosa: le pidió a su equipo de ventas que fueran sobre el terreno y explicaran lo que había pasado y lo que estaba haciendo la empresa para solucionar el problema. Los altos directivos se unieron al esfuerzo comunicativo. Transmitieron el mensaje alto y claro, pero su presencia sobre el terreno demostró un compromiso particular con cada persona de la compañía. La empresa sobrevivió. Aquellos que dan la cara en una crisis son con los que se puede contar para que cumplan en los buenos tiempos y en los malos.

Hazte oír. El día que los terroristas atacaron Londres, Blair les dijo a los medios allí reunidos y al mundo:

> Cuando intenten intimidarnos, no nos intimidarán... Cuando intenten dividir a nuestro pueblo o debilitar nuestra determinación, no nos dividirán y nuestra determinación se mantendrá firme... El propósito del terrorismo es simplemente eso, aterrorizar a la gente, y no nos aterrorizarán.[3]

Era una declaración firme de un líder fuerte, que transmitía fuerza en un momento de vulnerabilidad. Aunque la gente apenas recuerda más que unas pocas palabras de los discursos, sí que recuerdan la postura, el porte y el tono del líder. La fortaleza se convierte en una virtud en tales circunstancias. Los directivos pueden tomar como ejemplo a Blair al desarrollar sus temas de conversación cuando la situación se ponga difícil. A menudo no es tanto lo que dices, sino cómo lo dices. Blair lo dijo con firmeza, con fuerza y con convicción.

Está ahí. Durante la fatídica batalla de Bataan, cuando las incontenibles fuerzas japonesas avanzaban por la península filipina para encontrarse con un mermado ejército estadounidense, el comportamiento del general al mando, Jonathan «Skinny» Wainwright, pone el listón muy alto para el liderazgo en situaciones de estrés. Un oficial notó el comportamiento calmado de Wainwright bajo el fuego cuando se acercó caminando a un oficial en la trinchera y empezó una conversación. Un rato más tarde, otro oficial le preguntó a Wainwright por qué se acababa de exponer al fuego enemigo.

> Joven, usted no entiende lo que tenemos que darles a nuestros jóvenes... armas y munición, comida, medicina y diversión. No tenemos ninguna de esas cosas... Como ha visto, están muriendo. ¿Qué puedo darles? ¿Qué puedo hacer por mis hombres? Lo único que puedo darles ahora es moral, y mi presencia en el frente no es el desperdicio que usted cree. Cuando me senté en los sacos de arena lo hice deliberadamente. [Los hombres] quieren a su general y quieren saber que está ahí.

Palabras más ciertas, o más valientes, jamás fueron pronunciadas por un comandante bajo el fuego. Ese espíritu ayudaría a sostener a Wainwright y al remanente de sus tropas a lo largo de tres largos años en un campo de prisioneros japonés.[4]

Sé humilde. Los líderes eficaces lideran desde el frente, pero la carga pesada la lleva la gente de la organización. Los líderes deben dar la cara, pero deben reflejar el crédito por el trabajo duro de la gente que lo hace en realidad. Por ejemplo, cuando un producto fracasa en su lanzamiento no es el director ejecutivo quien tiene que pasarse muchas horas corrigiendo, detectando y resolviendo los defectos del sistema. Son los ingenieros cuyos puestos están en juego quienes lo hacen. Pero cuando el problema se haya solucionado el director ejecutivo tiene que presentarse y discutir la solución. Eso debería ofrecer una oportunidad para mencionar el especial esfuerzo del equipo y las muchas horas que han pasado haciéndolo. Estar presente no significa acaparar el centro de atención; requiere compartirlo también.

La presencia comunica compromiso

Aunque impulsemos la apertura y la transparencia, existen excepciones. Por ejemplo, durante la búsqueda de los terroristas perpetradores, la policía y los equipos de seguridad no tienen la obligación de revelar a quién están buscando o por qué lo están haciendo. El secretismo es fundamental. Lo mismo se aplica a los temas internos de personal. Por ejemplo, cuando Harry Stonecipher dimitió de la presidencia de Boeing como resultado de tener relaciones inapropiadas con una subordinada, lo hizo públicamente, pero Boeing no dio a conocer el nombre de la empleada. (El nombre de la mujer fue revelado más tarde por la prensa.) El derecho a la privacidad se aplica a muchos temas de personal.

Las comunicaciones en crisis se apoyan en la visibilidad. Cuando las organizaciones sufren estrés o confusión, los líderes tienen que ser vistos y oídos con frecuencia. A menudo su contribución más importante es simplemente su presencia. Estar ahí es importante para los empleados y, a veces, para el público en general. Demuestra que el líder está centrado en el problema y está trabajando para solucionarlo. A menudo las crisis corporativas duran meses; durante ese tiempo, cuanto más visibles sean los líderes, más empleados llegarán a confiar en ellos. Y la confianza es fundamental para la recuperación de cualquier crisis.

«Si no sabes adónde vas, acabarás en otro sitio».

—Yogi Berra

EVITAR LA TRAMPA DE LOS MULTIPROPÓSITOS

A veces personas de la misma organización trabajan por objetivos opuestos que son mutuamente destructivos. Reconciliar a las personas y los objetivos es trabajo del líder.

El huracán Katrina hizo algo más que destruir propiedades; minó la fe de la gente en el gobierno. En la ciudad de Bay Saint Louis, en Mississippi, la burocracia obstaculizó la recuperación. Kim Stasny, director de escuela, dijo: «Habría sido mucho más fácil, casi, si todos mis edificios se hubieran desplomado». En vez de hacer evaluar y luego rehabilitar edificios que posiblemente eran irreparables, cuadrillas de trabajo podrían haber empezado a construir estructuras nuevas. Las riñas entre burócratas es la causa de este galimatías; asuntos de propiedad en vez de asuntos de personas están retrasando la vuelta a cierto grado de normalidad.[5]

No solo los burócratas

Los burócratas del gobierno son blancos cómodos: fáciles de culpar de cualquier cosa, de un bache en la carretera a un pago de impuestos erróneo. Solo siguen el reglamento, incluso cuando quizá no se ajuste bien a la circunstancia. Esta situación no se da solo en el gobierno; los del sector privado pueden hacer cosas igual de tontas. Después de todo, en Bay Saint Louis las compañías de seguros estaban involucradas en la evasiva también. Llámalo «multipropósitos organizativos», es decir, una función se enfrenta a otra función, ya sea por costumbre o mandato, o una combinación de ambos. El resultado es que el trabajo se bloquea, los proyectos no se entregan a tiempo y, en el caso de las personas de Mississippi, hay muchos meses más de penalidades.[6]

Toda organización sufre los multipropósitos. Por ejemplo, veamos la banca. Los responsables de créditos son recompensados por hacer préstamos, así que harán lo que puedan para conceder préstamos a tantas personas cualificadas como sea posible. Los tipos de la evaluación de riesgos tienen un estándar diferente: prevenir pérdidas. Cuanto menor sea la pérdida, mejor, así que hacen lo que pueden para hacer cumplir las normas. Un multipropósito así asegura que el banco hará préstamos que probablemente serán devueltos. Sin embargo, puede que los responsables de créditos y los de evaluación de riesgos acaben perjudicando la compensación en bonificaciones del otro. Este es un ejemplo de multipropósito organizativo. Depende de la dirección mantener la claridad para no obtener resultados indeseados. Idealmente, los responsables de créditos y los de evaluación de riesgos tienen que ser recompensados por hacer su trabajo de forma apropiada sin incentivos, porque uno perjudica los incentivos del otro. En todo caso, la crisis de los préstamos de alto riesgo de 2007 muestra lo que puede pasar cuando no hay suficientes revisiones y balances en el negocio de los préstamos.

Haz preguntas. Una disciplina clave en ingeniería es el análisis de causas de origen, es decir, ¿cuál es el problema?, ¿cómo ha pasado? y ¿por qué ha pasado? Los directivos que se enfrentan a una situación de multipropósito organizativo harían bien en pensar como ingenieros y hacer preguntas de comprobación. Primero identifica el problema. Pregúntale a la gente cómo ha pasado. Y luego empieza a determinar el porqué. Hay una dinámica humana en los asuntos organizativos, dos o más puntos de vista sobre el problema. Simplemente recaba la información. No hagas juicios.

Reconoce el problema. Toma los datos y preséntaselos a un grupo interesado, es decir, a aquellos a los que ha afectado el problema. Haz que miren la información y admitan el problema. Por ejemplo, si un sistema informático no responde a las necesidades del cliente, reúne a la gente de informática y al departamento de ventas y averigua por qué. ¿Es un defecto de diseño? ¿O es una cuestión de exceso de promesas y falta de resultados? Lo que necesitas en este punto es reconocimiento.

Aprópiate de la solución. Una vez que las personas hagan suyo el problema, invítalos a proponer una solución. Después de todo, el problema no va a desaparecer y tendrás a ambas partes insatisfechas si no hay una resolución. Apropiarse de la solución confiere responsabilidad. Desafía a ambas partes a presentarse con arreglos que sean sostenibles. Quizá sea necesario un rediseño. O quizá el equipo de ventas tenga que informar al cliente con más claridad. Sea cual sea la solución, hazla tuya.

Mantente alerta. Los casos de multipropósito organizativo no son únicos, ni escasos. Ocurren con frecuencia en todas las organizaciones. El desafío es ser consciente de la posibilidad y saltar a la acción cuando empiecen a suceder, en vez de esperar a que estén sucediendo. Clarificar las líneas de responsabilidad es una solución, pero no es permanente porque los sistemas, como las personas, deben cambiar según evolucionan las condiciones. Lo que tiene sentido en una situación dada puede no tener sentido dentro de dos años. Así que mantén la antena elevada y en busca de señales errantes.

La gente sí que supera el multipropósito organizativo. Nos encantan las historias de personas desvalidas que luchan en el ayuntamiento y vencen a la burocracia. Más importante: nos encantan las historias de gente que vence al sistema y permite que el hombre de a pie gane. En estas ocasiones, unos individuos hacen lo que deberían estar haciendo los líderes: alzarse en defensa de los derechos de las personas y hacer lo que es bueno para toda la organización, no solo para las políticas y los procedimientos.

Cómo gestionar el panorama general y el particular

Una manera en la que los directivos pueden evitar la trampa del multipropósito es adoptando una perspectiva más comunitaria de los asuntos. Sin embargo, nuestra cultura de la gestión empuja a los directivos a enfatizar la acción individual por encima del consenso. Esta paradoja fomenta la trampa del multipropósito. La realidad es que el lugar de trabajo necesita tanto comunidad como individualismo para triunfar. El reto es que pocos podemos mantener ese equilibrio, pero ahí es donde entra el liderazgo. Los líderes tienen que señalarle a la gente la dirección correcta dentro de la misión expresa de la organización, pero también tienen que permitirle a la gente la libertad de escoger su propio camino al cumplir ese objetivo. Alternar entre el panorama general y el particular no es fácil, pero aquí tienes algunas sugerencias.

Muestra la visión global. Es fácil perderte en tu propio trabajo. Es un indicador de que te preocupas de lo que haces y cómo lo haces, así que centras tus energías. Un enfoque tan exacto es fundamental para la productividad, no digamos para la calidad, durabilidad y consistencia. Pero los directivos tienen que pensar más allá de los detalles. Es su responsabilidad poner el trabajo en un contexto más amplio, explicando por qué el trabajo es importante para el departamento y para toda la organización. Por ejemplo, si estás revisando un proceso contable, los detalles son importantes para el departamento contable, pero es útil señalar que con el trabajo del equipo las cosas se vuelven más eficaces para los clientes, tanto internos como externos.

Crea propiedad. Una de las razones por las que la gente deja sus trabajos es porque se sienten menospreciados. Ofrecerles la propiedad de un proyecto afirma la fe en el individuo; también demuestra el aprecio por el talento individual y sus habilidades. Pero recuerda, cuando le das a un empleado un trabajo para hacer, especialmente cuando ello implica a otros miembros del equipo, asegúrate de decirle a todos los demás que esa persona está al cargo. La responsabilidad sin autoridad no tiene sentido.

Mantén unidas las piezas. Encontrar el equilibrio adecuado es fundamental. Para los directivos con el reto de producir resultados especialmente en entornos complicados (como si los hubiera de otra clase), es difícil pensar en el panorama general. Se te presiona tanto para que se hagan las cosas que mantener unidos al equipo y al proyecto es suficiente desafío. Pero en el momento apropiado, digamos la próxima reunión de personal, recuérdale a la gente que el trabajo que hace es importante. Da ejemplos de clientes satisfechos que se han beneficiado del esfuerzo. Cosas pequeñas, sí, pero una afirmación así del trabajo y su contribución a la empresa es importante.

Generando el equilibrio

La hora de la verdad favorecerá la acción. Por ejemplo, si un nuevo producto de *software* sale al mercado pero está plagado de fallos técnicos, no te cruzas de brazos y te planteas si es el panorama general o particular: tomas medidas inmediatas. Lo imperativo es arreglar el producto y ayudar a los clientes y, por extensión, salvar la compañía. El director ejecutivo está pensando en la cuota de mercado y la reputación, pero los encargados de programación están pensando en el código. En una crisis así, ambas partes de la gestión están para que se les dé buen uso a la hora de beneficiar a los clientes y, por extensión, preservar la buena reputación de la compañía.

La gestión, por naturaleza, es un acto de equilibrio. Quieres darle a tu personal libertad de acción para que descubran las cosas por sí mismos, pero al mismo tiempo tienes imperativos estratégicos que deben cumplirse a través de acciones coordinadas y concertadas de personas esforzándose juntas.

«Las malas noticias no son como el vino. No mejoran con el tiempo».

—Colin Powell

DAR MALAS NOTICIAS

La gente tiene derecho a saber cuándo van mal las cosas. Sé directo.

La puerta del despacho del directivo, normalmente abierta, estaba cerrada y permaneció así durante varios días. Cuando la gente veía al directivo, generalmente hablador y extrovertido, este evitaba el contacto visual, e iba directamente del ascensor al despacho. Cuando se ausentaba era por reuniones que duraban un día o más. Durante todo este tiempo el directivo guardó silencio, pero el hervidero de rumores era ensordecedor. La compañía se iba a vender. No, se iba a fusionar. La venta o fusión resultaría en la subcontratación de todo, comenzando por la informática. Los rumores exageraron en extremo, hasta que el trabajo se paralizó por completo y la gente no hablaba de otra cosa que no fuera la destrucción de sus puestos de trabajo, sus sustentos y sus futuros. El trabajo tal y como lo habían conocido era historia.

El síndrome de las malas noticias

¿Suena familiar? Esta escena, de la cual he visto variaciones durante años, se presenta y representa diariamente en todo el panorama empresarial. En tiempos económicos difíciles es aún más común, pero hasta en tiempos de crecimiento sabemos que continúa. Una característica que exacerba la situación es la escasez de información. Muchos directivos cometen el error de suponer que pueden librarse de las potenciales malas noticias guardando silencio. La primera norma de la extensión de rumores es que el cotilleo detesta los vacíos. Y en la era de la transparencia y las comunicaciones bajo demanda veinticuatro horas al día, siete días a la semana, no existe nada como la no información. Lo que no oiga la gente se lo inventará. ¿Por qué? Porque la carencia de información real genera una demanda de información de cualquier tipo. Muy a menudo creemos que es mejor suponer lo peor que enfrentarnos con la realidad de lo desconocido, así que hablamos entre nosotros, creando argumentos que se añaden a los demás hasta que nos metemos en un atasco.

A menudo los altos directivos son responsables de avivar el hervidero de rumores porque dicen una cosa en la prensa, la contradicen ante sus empleados y luego guardan silencio, evitando comentarlo con nadie. Esta situación deja a los mandos intermedios, quienes sufren las frustraciones de los empleados, atrapados entre la espada y la pared, pero siendo responsables de conseguir que el trabajo se haga en cualquier caso, a pesar del hecho de que la gente esté paralizada por la aprehensión.

Gestionar las malas noticias

Entonces, ¿qué pueden hacer los directivos en situaciones como esta? Pueden aprender a dar malas noticias, y al hacerlo generar niveles mayores de confianza y finalmente conseguir que se haga algo de trabajo. Exploremos algunas formas de hacerlo.

Habla. Las malas noticias se enconan en el lugar de trabajo porque no hay contrapeso. Un directivo que trata la situación con honestidad puede proveer de equilibrio. Reúne a tu personal y cuéntale hasta donde puedas. Repite este proceso con frecuencia, incluso cuando no haya novedades, porque en nuestra cultura la ausencia de noticias es noticia. Los buenos líderes creen en contárselas directamente a los empleados... ya sean buenas o malas.

Escucha. Dale a la gente la oportunidad de desahogarse. Organiza reuniones de personal en las que se puedan expresar las preocupaciones y poner los asuntos sobre la mesa. A veces hablar de los miedos puede aliviarlos. Poner el dedo en el dique para tapar una fuga no funcionará. Invita a la gente a que se exprese.

Capta la atención de la gente. Cierra la fábrica e invita a clientes para que hablen con los trabajadores. Eso es lo que hizo Ken Freeman cuando era presidente de una división de cristal templado y más tarde director ejecutivo de Quest Diagnostics. Como le dijo al *Wall Street Journal*, cuando sus empleados oyeron a los clientes hablar mal de su producto, y hubo uno que incluso se negó a comprarlo más, los empleados no daban crédito. Aquel ejecutivo utilizó a los clientes para que su gente prestara atención. Y lo hicieron; los procesos se rehicieron y la calidad se mejoró.[7]

Enfócate en el trabajo. Comunicar malas noticias y escuchar la reacción es fundamental, pero, al final, o incluso al principio, tienes que volver al trabajo. Desvía la conversación hacia el trabajo y lo que hay que hacer. Siempre es útil recordarles a los empleados que se les paga por productividad y que si pasan mucho tiempo hablando la productividad cae en picado. Y si no se hace el trabajo, todo el mundo se irá más bien pronto que tarde, independientemente de la resolución de la mala noticia.

Encuentra alguna noticia buena. Inevitablemente, habrá alguna buena noticia para levantar el ánimo. Busca cosas positivas en la producción aumentada, la calidad mejorada, las pocas quejas de los clientes o hasta el absentismo reducido. Publicita esas cosas buenas y ensálzalas en las reuniones de personal. Esta es la parte fácil, pero te sorprendería saber cuántos directivos no lo hacen, bien porque son olvidadizos o porque temen que unas pocas buenas noticias les darán a los empleados permiso para aflojar. Nada podría estar más lejos de la verdad. Todos necesitamos un poco de ánimo para avanzar, especialmente cuando los tiempos son difíciles.

La sinceridad es la mejor política

Todos estos pasos se aplican a las inevitables situaciones de malas noticias a nivel individual, tales como ascender a una persona sobre otra o tener que dejar que alguien se marche. La norma es ser abierto, sincero y directo.

Ofrecer asistencia en forma de oportunidades para el desarrollo o la recolocación, respectivamente. Además, espera la peor reacción del empleado; de esa forma te armarás de valor ante el abuso verbal o el trato silencioso.

Lo más importante que puede hacer un directivo en situaciones de malas noticias es ser abierto y honesto. Habrá situaciones, como en fusiones en las que sucesivas capas de directivos saben cada vez menos, en las que la información no se puede comunicar por razones legales. Esta es una situación horrible para los directivos, pero se da. El mejor remedio es revelar lo que puedas pero asegurando que dirás más cuando puedas. Otra forma de aliviar esta situación es estar disponible para los empleados. Simplemente estar por allí para escuchar puede hacer desaparecer niveles de tensión. No soluciona el problema pero ofrece una válvula de escape y permite que la gente se enfoque en el trabajo en vez de en el rumor.

Las malas noticias son inevitables en cualquier organización. Después de todo, ¿qué son las organizaciones sino reflejos de la vida misma? Puede que los directivos no sean responsables de las malas noticias, pero pueden hacer mucho para amortiguar el golpe y así capacitar a la gente para que avance y, de paso, haga el trabajo.

«A la gente no le falta fuerza; le falta voluntad».

—VÍCTOR HUGO

PERSUADIR AL QUE NO ESTÁ CONTIGO

■

La persuasión es la especialidad del líder. A veces las probabilidades se amontonan en contra de los argumentos, y entonces se necesita más persuasión.

Llega un momento en la carrera de todo líder en el que hay que enfrentarse a obstáculos aparentemente insuperables. No en términos de deficiencias de recursos o presiones competitivas, sino en cuanto a la gente de la organización. A menudo llega en forma de una coalición de personas a quienes no les gusta el líder, o no confían en él. A veces esta falta de confianza se debe a una falta de conocimiento. O puede que se base en una falta de fe; no creen que el líder esté a la altura del puesto. La forma en la que el líder maneje la situación determinará su éxito o fracaso. Cuando enfrente situaciones así, el líder debe desactivar las fuerzas en su contra y luego unir a la gente. La persuasión se convierte en el orden del día.

No supongas nunca

Pero, ¿cómo persuades a personas que ya han decidido estar en tu contra? Primero, nunca des nada por sentado. A menudo estas coaliciones ad hoc contra el líder están formadas por personas que realmente no tienen un interés particular en la situación y están incitadas por el rumor y las insinuaciones. La gente no declara sus intereses porque están esperando a ver cómo salen las cosas. John Adams hizo una perfecta reflexión sobre la revolución estadounidense: «Aproximadamente un tercio éramos *tories*, [un] tercio tímidos y un tercio conservadores».[8] Dicho esto, es decisivo poner a la gente del lado del líder. Es especialmente decisivo vencer los argumentos de las personas que estén diametralmente en su contra. No hacerlo terminará con su eficiencia. El mandato del líder estará para siempre marcado por personas cuya influencia se convertirá en inacción, en negativa a desempeñar el trabajo y finalmente en actos de rebelión manifiesta contra el liderazgo. Por lo tanto, persuadir a los que no están contigo es fundamental. Hay algunas cosas que puedes hacer.

Haz tus tareas. Los desacuerdos surgen por toda clase de razones: conflictos de personalidad, política organizativa y simple ignorancia de los asuntos. El líder tiene que descubrir en contra de qué está la gente y por qué, especialmente si se oponen a tus ideas. Por ejemplo, si el líder está impulsando un cambio puede que la gente de forma natural se ponga en contra porque el cambio provoca inquietud. Si el cambio provoca dolor, es decir, la gente siente pérdida de control, influencia o seguridad, el problema es más serio. Depende del líder encontrar la causa de origen de la inquietud.

Escucha a la oposición. Es cosa del líder darle voz a la gente. Permitirles explicar su punto de vista así como su resistencia a la idea es de vital importancia. Muchos líderes cometen el error de ignorar este paso, porque piensan que conocen el problema. Quizá lo hagan, pero permitirle a la gente expresar su oposición es decisivo. No es solo una cuestión de desahogo: es un reconocimiento de oposición real. Escuchar también implica hacer preguntas y averiguar por qué se sienten así. Ese paso es vital para comprender y luego construir para el futuro.

Encuentra los puntos en común. Lo que mantiene a la gente unida es su creencia compartida en una causa común. Los desacuerdos a menudo surgen en organizaciones de iguales en las que no hay jerarquía centralizada; los ejemplos incluyen firmas de servicios profesionales, universidades y hasta organizaciones de voluntarios. Los desacuerdos pueden ser fatales; pueden enconarse y causar la ruina. Así que depende del líder unir a la gente para encontrar un punto o puntos de acuerdo. A menudo esto llevará hasta la misión de la organización. Por ejemplo, puede que los voluntarios se unan en torno al concepto de servicio a los desfavorecidos, o los médicos se unan por los principios de la atención al paciente. Encontrar esos puntos en común es fundamental. Puede llevar tiempo descubrirlos y llegar al acuerdo, pero si la organización quiere sobrevivir, deben ponerse de acuerdo.

Convierte la fortaleza de tu oposición en debilidad. Sun-Tzu, el legendario general de la China antigua, era un maestro en observar a su enemigo y descubrir fortalezas y debilidades. Algunas veces atacas donde el oponente es vulnerable, pero otras atacas donde el oponente es más fuerte. Por ejemplo, en la batalla utilizas el tamaño del enemigo en su contra. Evita los asaltos frontales; ataca por el lateral. Atráelo a un terreno bajo y abierto y ataca desde arriba. Eso alcanza al enemigo desprevenido y puede exponer su auténtica debilidad. Tales maniobras son vitales cuando se discute el punto de vista del líder.

Por ejemplo, muestra a la oposición como lo que es: una facción. Posiciona al líder como representante y protector de toda la organización. Al reclamar un territorio tan importante, el orador se posiciona como el guardián y protector de toda la organización.

Muestra integración. Debe mostrarse respeto hacia el pasado y el valor de la institución. Utiliza un lenguaje que refuerce al equipo; evita las caracterizaciones del tipo «nosotros contra ellos». Esfuérzate por usar el «nosotros» cuando sea posible. Sin embargo, utiliza el «yo» y el «mí» cuando demuestres la responsabilidad personal. Los buenos líderes a menudo reconocen sus defectos y piden el apoyo de los demás. Deja claro que los puntos de vista alternativos son bienvenidos. No obstante, la persona al mando debe liderar; debes trabajar con los demás y capacitarlos para que triunfen. Pero es tu trabajo marcar la dirección y aplicar disciplina. No hacerlo le da a la oposición fuerzas para hacer lo que quiera. Los valores de la organización, unidos a los puntos en común, se pueden utilizar para reforzar la autoridad del líder y asegurar que las cosas avancen.

Dale a la gente una participación en el resultado. A ninguno nos gusta que nos den órdenes. Pero suceden cosas más allá de nuestro control, especialmente en las organizaciones grandes, que tenemos que aceptar. Dicho esto, el líder a veces puede intervenir para hacer la realidad más agradable. ¿Cómo? Es entonces cuando puede realizar ajustes, cuando sea posible para darle a la gente más voz para determinar el cambio y tener más influencia sobre el resultado. Esto les da un sentido de apropiación de su destino. Deja claro que el apoyo al equipo es fundamental para avanzar.

Pasar a la acción

Tenderle la mano a la oposición para persuadirlos de tu punto de vista es fundamental, pero muchas veces no funciona. La gente sigue sin estar persuadida. El líder tiene dos opciones. Una, dejar que la situación siga como está, sabiendo que la coalición contra tu liderazgo no hará más que ganar fuerza. Dos, actuar de forma decisiva. Dale a la oposición un ultimátum. O están contigo o contra ti. Los que decidan quedarse, se quedarán. Los que estén en desacuerdo se irán. Forzar un ultimátum demostrará la determinación del líder a avanzar. También motivará a los indecisos a seguir al líder o marcharse.

Por ejemplo, si la gente se resiste al cambio porque notan una pérdida de autoridad, demuestra que sin el cambio no tendrán autoridad en cualquier caso. Solo si aceptan tu liderazgo conservarán la posición y el poder. Esto no es solo cuestión de intimidar a la oposición; es señalar la realidad. Sí, la gente se acobardará por el miedo a perder el trabajo, pero tú te adelantarás a ese sentimiento hasta cierto punto al demostrar tu disposición a escuchar y aprender de ellos.

Las habilidades persuasivas son vitales para la capacidad del líder de crear acuerdo y conseguir resultados. Unir a las personas en un propósito común es fundamental, pero a menudo requiere que los líderes traten primero con los detractores. La autoridad del líder depende de la neutralización de la oposición como medio para avanzar. Cómo lo haga el líder es un testimonio de su habilidad para interpretar la situación y hacer lo que sea mejor para la organización.

Verbalizar los argumentos

La persuasión es algo más que una estrategia; tiene que ver con tácticas verbales y no verbales. Por ejemplo, un ejecutivo me preguntó: «¿Cuán contundente puedes ser cuando hablas con tu superior?» El ejecutivo sacó un tema muy importante; a veces tienes que bajar el tono antes de entonarte. Para decirlo más claramente, la fuerza no es lo mismo que el volumen. A veces lo más potente que puedes hacer es quedarte callado y sereno, especialmente cuando los críticos te estén lanzando diatribas.

Mantener la calma ante el rostro del conflicto es una forma de jiu-jitsu verbal; tu tranquilidad les resta fuerza a los golpes de tus enemigos. Como en este arte marcial, utilizas la fuerza de tu oponente en su contra. La calma en una discusión llevará al que sea demasiado entusiasta más allá del límite. Tu oponente acabará pareciendo tonto y tú acabarás pareciendo regio. Tu sensación de tranquilidad transmite confianza, pero también una sensación de ecuanimidad que hace que la gente esté cómoda. Haz que la gente esté a gusto y puede que estén más atentos a tus argumentos. Estas son algunas cosas que considerar la próxima vez que alguien te ponga en su punto de mira.

Respira hondo. Antes de decir una sola palabra, respira hondo. Mira la habitación. Para un momento. Puede que el silencio parezca durar varios minutos, pero en realidad quizá dure solo unos segundos. Al respirar despacio te tranquilizas antes de abrir la boca. También te das tiempo para pensar y plantearte qué decir y cómo decirlo. Tu comportamiento también demuestra autocontrol, uno de los rasgos más valorados en un líder.

Irradia calma. Cuando la retórica se intensifique, habla más despacio y pausadamente. Relaja los músculos faciales. Hasta puedes sonreír, pero no sonrías con suficiencia: eso solo favorece la crítica. Cuanto más relajado parezcas, aunque por dentro estés agitado, parecerás más decidido, por no decir fuerte. La gente admira a quienes pueden hacer frente a la crítica sin perder la calma.

Esquiva los golpes pero no derrames sangre. Escucha lo que tus críticos tengan que decir. Devuelve las críticas con preguntas abiertas, como: «Cuéntame sobre el tema... ¿Puedes explicarlo?» Esto hace que tu oponente pase de atacarte a revelarte sus argumentos o la falta de ellos. Cuanto más hable, más aprenderás.

Reconoce lo que dice pero asiente con la cabeza y di que reafirmas tus argumentos. Deja que el contendiente defienda sus ideas. A menudo podría acabar defendiendo las tuyas en el proceso al animarse en exceso y así parecer ridículo.

Halaga al otro bando. Otra forma de autodefensa es la adulación. Esto funciona con los superiores, especialmente aquellos que se creen muy importantes. Habla de sus logros. Incluso puedes formular tus argumentos como un reflejo de sus ideas; habla de cómo su ejemplo te llevó a desarrollar tu idea.

Mantente firme. Es adecuado reconocer algo de verdad en los argumentos de tu oponente, pero no hasta el punto de negar los tuyos propios. La defensa depende de la convicción firme, un sentido de estar haciendo lo que es bueno para el equipo y la organización. Al pensar en el panorama general puedes hacer que tus argumentos parezcan mayores de lo que son. Tu defensa toma fuerza de la visión, la misión y los valores de la organización.

Defenderte a ti mismo

Por supuesto, tu tranquilidad tiene límites. Si crees en tu causa debes luchar por ella; si no demuestras pasión o, lo que es más apropiado, convicción, acabarás como Chauncey Gardener, el héroe desafortunado e ignorante de la novela de Jerzy Kosinski *Desde el jardín*. Pasan cosas, pero tú pareces ajeno. En la novela y la película, la despreocupación se confunde con brillantez; en la vida corporativa se vería como una bufonada o una debilidad.

Por lo tanto, escoge tus momentos. Como el *sheriff* en una película del oeste, tienes que irrumpir en medio de la calle y hacer frente a los forajidos. Sin embargo, puedes dejar enfundados tus seis revólveres; no tienes que apretar el gatillo. Tu arma es tu intelecto; tus balas son tus argumentos. Es decir, defiendes la idea empresarial pero te quedas en el lado alto de la calle. No te vayas a la cuneta con ataques personales, aun cuando tus críticos te los lancen. Si aparentas estar por encima de eso, parecerás más creíble. Es más, la gente verá que eres una persona con fuerza interior; eso es crucial para inspirar el seguimiento. La gente quiere saber que sus líderes pueden aguantar el chaparrón. Demuestras tu poder al mostrar una fortaleza silenciosa.

«No he fracasado. Solo he descubierto diez mil maneras que no sirven».

—THOMAS EDISON

MANEJAR LA DERROTA

▪

*Aprender a perder es un comportamiento gana-
dor. Los líderes lo cultivan.*

De pie frente al micrófono en la mansión que era su hogar, al menos durante unas cuantas semanas más, le mostró al mundo un atisbo del hombre en el que se convertiría. De momento era un perdedor, al menos en sentido electoral. Después de casi un mes de disputas legales Al Gore, hablando desde el número uno de Observatory Circle, que sirve de residencia oficial al vicepresidente de Estados Unidos, admitió la derrota y le deseó lo mejor al nuevo presidente, George W. Bush. Luego Gore desapareció del escenario nacional. O eso pensaba el mundo. En realidad, regresó a la causa que le había entusiasmado durante muchos años: el calentamiento global. Recorrió el país haciendo presentaciones de PowerPoint sobre el tema que llamó *Una verdad incómoda*. Tras unas dos mil entregas, convirtió la presentación en una película que ganó un Premio Óscar en 2007. De forma simultánea a su carrera como orador, se convirtió en un hombre de negocios de éxito y hasta ayudó a poner en marcha una cadena de televisión. El valor de su cadena se estima que ronda los cien millones de dólares. En 2007 se unió a una firma de capital de riesgo que invierte en negocios eco-responsables. Al Gore había vuelto, y lo que es más más importante, su trabajo importaba. Su trabajo sobre el calentamiento global lo hizo ganador, junto a un grupo de expertos científicos, del Premio Nobel de la Paz en 2007.[9]

Una pérdida no es una derrota

Todo líder debería saber perder. El fracaso no es algo que te enseñen en la escuela; es algo que te enseña la vida. Puede que lo experimentes en el patio de recreo cuando te tiran al suelo. El fracaso puede golpearte en forma de un examen suspendido o el rechazo de una universidad. Nos sacude en el trabajo continuamente. Puede que no consigamos el ascenso que creemos habernos ganado; o la iniciativa en la que estamos trabajando, esclavizados durante meses, se queda en nada. El fracaso es parte de la vida. Soportarlo es decisivo para el desarrollo personal. He aquí algunas sugerencias.

Evita personalizar la derrota. Tu proyecto ha fracasado. Tu equipo se ha disuelto. Tu carrera está en peligro. No tan rápido. Puede que los puntos uno y dos sean ciertos, pero solo si aceptas la derrota y la interiorizas como un fracaso personal serás derrotado. En este caso los directivos pueden tomar ánimos de los actores haciendo audiciones para un papel. Lo intentan cientos; solo se escoge a unos pocos. ¿Son todos los que pisan el escenario y no son seleccionados unos perdedores? Difícilmente. ¿Y si el director estaba buscando un protagonista masculino de veintitantos y tú tienes cuarenta y muchos? ¿O qué si eres una adolescente que se presenta para el papel de una gran dama? Tienes que ser realista; tienes que ajustarte al papel. Lo mismo se aplica a la gestión. Debes aceptar que el proyecto no cumplió las expectativas y tu liderazgo fue insuficiente, pero tú como persona no eres un «perdedor». Tú y tu equipo no habéis dado la talla. Lo que hagas a continuación define tu liderazgo.

Analiza lo que ha salido mal. Tienes que distanciarte de lo que ha pasado observando los hechos. Puede que el objetivo fuera demasiado grandioso, los recursos demasiado exiguos y la fecha límite poco realista. Ese es el primer paso. El segundo paso exige autocrítica. ¿Hiciste lo que podías para liderar con eficacia? ¿Marcaste el rumbo correcto? ¿Delegaste, supervisaste y reconociste? Quizá carecías tanto de visión como de ejecución. Eso es culpa tuya, sí; pero admítelo y sigue adelante. El autoanálisis que lleva al conocimiento de uno mismo es necesario. El autoanálisis que lleva a compadecerse de uno mismo es detestable. Asume un rol activo en tu proceso de autodescubrimiento. Escribe lo que harías de forma distinta la próxima vez.

Renuévate. Vale, entonces las cosas no han salido tan bien como esperabas. Tu próximo paso revelará tu carácter. Recuerda las palabras de un hombre que sabía un par de cosas sobre perder, Richard Nixon: «Un hombre no está acabado cuando lo derrotan; está acabado cuando se rinde». Admitir la derrota y reconocer las circunstancias y la responsabilidad coloca los cimientos para seguir adelante. Escoge tu siguiente objetivo o prepárate para el siguiente esfuerzo. Estudia tus errores. Considera tus opciones. Con el tiempo recuperarás la energía y estarás preparado para la lucha que tengas por delante. De lo contrario, tendrás que salir del partido durante un tiempo o hacer algo completamente distinto. Quizá tu derrota te haya enseñado que el rumbo de tu carrera está en otra parte. Actúa de acuerdo a esa conclusión. Eso también es una forma de renovación.

Luchar y defenderse

Nadie quiere el fracaso y, de hecho, el deseo de evitar el riesgo del fracaso puede indicar que careces de la fortaleza interior para enfrentarse a la adversidad cara a cara. La adversidad puede tener el aspecto de un competidor que acecha todos tus movimientos. O puede tomar la forma de un jefe despiadado que acapara todas las ideas y se lleva el mérito. O puede que la adversidad se prolongue, enfrentándote a dificultades al trabajar con gente sin inspiración, sin motivación y sin entusiasmo por nada que no sea salir pronto. Aceptar la derrota ante personas así no es una fortaleza, sino todo lo contrario. Luchar contra las fuerzas de la adversidad es fundamental.

Pero cuando las cosas no están a tu favor, y la fuerza es demasiado grande, es sabio retroceder. Escoger tus batallas es fundamental. Muchos empresarios fracasaron en sus primeros intentos de lanzar un negocio. La habilidad aprendida para manejar la derrota los llevó a continuar. Y cuando encontraron nuevas oportunidades estaban mejor preparados para montarlo. La luz al final del túnel puede a veces ser la luz del sol.[10, 11]

«No te preocupes por el genio. No te preocupes por ser inteligente. Confíate al trabajo duro, la perseverancia y la determinación. Y el mejor lema para la larga marcha es: "No rezongues. Sé constante"».

—SIR FREDRICK TREVES, CIRUJANO INGLÉS

PERSEVERANCIA: CONTINÚA GOLPEANDO LA ROCA

¡Persevera con insistencia! Eso es todo. El liderazgo puede ser una tarea difícil y los líderes tienen que mantenerse ellos mismos y a sus equipos enfocados tanto en las metas como en el día a día.

Cuando se trata de captar la atención del cliente, los títulos no significan demasiado en la H. J. Heinz Company. El director ejecutivo de la empresa y su vicepresidente de cuentas internacionales se han arremangado para recuperar un cliente. El director ejecutivo Michael Johnson aprendió a hacer hamburguesas a la parrilla y lució con orgullo su insignia de aprendiz ante el entonces director ejecutivo de su cliente. El vicepresidente, Michael Hasco, que había trabajado en atención al cliente en su adolescencia, se pasó horas viendo cómo los clientes le echaban ketchup a su comida. No era una tarea inútil; el cliente es McDonald's y, hasta 1973, había sido una cuenta clave para Heinz. Sin embargo, la empresa perdió la cuenta cuando redujo los repartos durante una escasa cosecha de tomates. McDonald's, una empresa que presume de lealtad, canceló el negocio y acudió a otros proveedores. Hoy Heinz, con una cuota de mercado en descenso, hace todo lo que puede por recuperar a un importante cliente. Donald Keough, ex director ejecutivo de Coca-Cola y ahora miembro de la junta tanto de McDonald's como de Heinz, le dio este consejo a la última: «Tienen que labrarse el camino de regreso. Tienen que ser perseverantes».[12]

Nada nuevo

La perseverancia es una vieja virtud empresarial. Benjamin Franklin, padre fundador de Estados Unidos y empresario de éxito, opinaba: «La energía y la perseverancia conquistan todas las cosas». La perseverancia también es un tema recurrente en las historias de Horatio Alger que enseñaron a los jóvenes del siglo diecinueve que la disciplina, el trabajo duro y la perseverancia podían superar cualquier obstáculo. Lo mismo pasa con Napoleon Hill, el pionero escritor del siglo veinte que ayudó a popularizar el género de los libros de autoayuda para el éxito. La idea de que «si lo sueñas y estás dispuesto a trabajar duro, lo conseguirás» recorre la obra de Hill.

Entonces, si la perseverancia está tan arraigada en nuestra cultura, ¿por qué molestarse? Bueno, la verdad es que nos hemos olvidado de ella muchas veces. La perseverancia es ignorada a veces en el mundo empresarial que está activo las veinticuatro horas al día, los siete días de la semana. Se nos desafía a movernos tan rápido para responder a cosas que pasan al otro lado del mundo que los signos de resistencia parecen amenazas, así que entonces pasamos a otra cosa. ¡Muy mal! La perseverancia puede significar la diferencia entre el éxito y el fracaso. Como en tantas otras cosas, depende de los empleados y directivos individuales el ponerla en práctica.

Proclámala. Una de las tácticas preferidas en las reuniones de personal es invitar a un orador motivacional. Muchos de los oradores de este género vienen del mundo del deporte; se les contrata para que cuenten sus historias con la esperanza de que algo de lo que aprendieron al ganar un campeonato, al ganar una medalla olímpica o hasta al ascender una de las montañas más altas del mundo se les pegue a los oyentes. La verdad es que poco se pega, pero lo que sí cuenta es el ejemplo que da el deportista. Puede que haya alcanzado un logro significativo, pero eso ocurrió a lo largo de varios años de trabajo duro, días, semanas, meses de privación y entrenamiento para ponerse en forma para realizar la carrera, el *sprint* o la ascensión a la cima. Eso es lo que nos importa: la disciplina de la perseverancia diaria.

Practícala. La perseverancia significa no rendirse ante los primeros obstáculos. Las organizaciones por naturaleza no se rinden fácilmente; es decir, cualquiera que quiera realizar un cambio o, menos audazmente, alcanzar una meta, enfrenta varias formas de resistencia. La forma más insidiosa es la inercia; la simple apatía que plaga las organizaciones que se aclimatan demasiado al éxito y se desmoralizan demasiado por el fracaso. Aquellos que quieren sacudir una organización para despertarla, ya sea impulsando una iniciativa como Seis Sigma o Lean, o introduciendo un producto o servicio nuevo, tendrán que defender su idea de negocio no una vez ni dos, sino cientos de veces para salir del punto muerto. A veces el agente del cambio será bendecido con el apoyo de los superiores, pero muy a menudo el provocador tendrá que arreglárselas solo, armado solamente con el poder de sus ideas. Ahí es donde la perseverancia tiene importancia.

Ensálzala. Cuando alguien en la organización consiga algo digno de mención, celébralo. Agasaja al equipo en una reunión con todos los empleados. La industria automovilística aprovecha sus ferias internacionales de automóviles para ofrecerle al público un vistazo a los nuevos conceptos y a las nuevas ideas. Algunas empresas, en particular Chrysler, utilizan estas muestras públicas como una oportunidad para publicitar el trabajo de sus diseñadores e ingenieros. Normalmente esas personas trabajan en el anonimato, y está bien, pero es bueno ver nombres ligados a las nuevas ideas, cada una de las cuales tiene una historia detrás. Por supuesto, Hollywood hace algo parecido en los Premios Óscar. Los ganadores dan las gracias a todos los que les han ayudado y hablan de lo que ha hecho falta para realizar esa obra, normalmente contra todo pronóstico.

Demasiado de algo bueno

La perseverancia no es la respuesta ante todos los desafíos empresariales. Habrá momentos en los que un directivo tenga que decir que ya es suficiente y desistir. Motorola experimentó este dilema hace una década por su insistencia en aferrarse a la telefonía analógica. El resto de la industria celular se estaba haciendo digital. Motorola captó el mensaje, pero le costó caro a la empresa en términos de cuota de mercado e ingresos.

La perseverancia surge como una virtud a nivel personal. Es el impulso de «levántate y ve» que reta a los hombres y las mujeres a dar lo mejor de ellos mismos. Es lo que mantiene a la gente caminando cuando el sendero se pone difícil. «No tienes que ser un héroe fantástico para hacer ciertas cosas, para competir —dijo Sir Edmund Hillary, el primer occidental en escalar el monte Everest—. Puedes ser simplemente un tipo corriente lo bastante motivado como para alcanzar metas desafiantes». El espíritu del «puedo hacerlo» se valora mucho, pero lo que tiene la perseverancia es que, a no ser que se practique, se pierde. Es decir, si quieres lograr algo tendrás que hacer lo que haga falta para conseguirlo.

La perseverancia tras un objetivo puede significar que vuelvas a la escuela por un máster en gestión de empresas o un máster en ingeniería. Puede significar que sacrifiques tiempo lejos del hogar para dedicar esas horas al trabajo. O a la inversa, puede significar que hagas todo lo contrario: renunciar a ascender puestos para centrarte en las necesidades de tu cónyuge y tus hijos. La perseverancia cuenta a nivel personal; es lo que haces con esa virtud lo que marca la diferencia. O como dijo Confucio: «No importa lo despacio que vayas siempre y cuando no te detengas».

«Cáete siete veces, levántate ocho».
«El bambú que se dobla es más fuerte que el roble que resiste».

—PROVERBIOS JAPONESES

RESISTENCIA: LEVÁNTATE Y HAZLO OTRA VEZ

No hay nada vergonzoso en que te tumben. De hecho, si no te tumban de vez en cuando probablemente quiere decir que no lo estás intentando con bastante intensidad. Levantarse después de que te tumben es lo que genera la resistencia.

Uno de los mayores malentendidos del liderazgo es que la gente da por sentado que los líderes son, de alguna forma, perfectos. La historia cuenta una historia diferente. Desde la antigüedad hasta hoy en día, los líderes han cometido su porción de errores. A menudo fue al superar alguna dificultad cuando comenzaron su carrera de liderazgo. César Augusto superó una constitución delicada para servir como oficial en el ejército romano. Esa experiencia le dio el temple que necesitaba para asumir el poder años después del asesinato de Julio César, su padre adoptivo. Moralista estricto (a pesar de su despiadado ascenso al poder), Augusto instituyó reformas gubernamentales que marcaron el comienzo de la era de la Pax Romana, la paz a lo largo y ancho del imperio. A George Washington, como ayudante del general Braddock, casi lo matan en la batalla de Monongahela durante la guerra franco-india; veinte años más tarde, al asumir el mando del ejército continental, demostró ser un líder de hombres sin parangón tanto en la guerra como en la paz.

Warren Bennis, ex rector y escritor sobre el liderazgo, dijo lo siguiente:

> Los líderes con los que me he encontrado siempre se referían [...] al mismo fracaso básicamente (algo que les sucedió que fue difícil a nivel personal, hasta traumático, algo que les hizo tener esa desesperada sensación de tocar fondo) como algo que pensaban que fue casi necesario. Es como si en ese momento el hierro entrara en su alma; ese momento generó la resistencia que necesitan los líderes.

Bennis se refiere al momento de la verdad del líder como la situación que normalmente se da cuando las cosas no están a su favor, pero de la que resurge más fuerte y sabio, y por tanto mejor equipado para manejar el rol del liderazgo.

Sin tregua en el liderazgo

«El noventa por ciento de la vida es hacerse ver», bromeaba Woody Allen. Cuando se trata del liderazgo, hacerse ver es importante, pero cuando las cosas se ponen difíciles los líderes tienen que hacer algo más que una aparición. Tienen que mostrarle a su gente con su ejemplo maneras de superar la adversidad. Tienen que apoyar al equipo en sus esfuerzos para recuperarse. Una de las lecciones duraderas del deporte juvenil es cómo responde un niño al ser noqueado, tanto literal como figuradamente. Cómo el niño se pone de nuevo en pie, ya sea para volver a patinar, a darle a la pelota o a meter una canasta, dice mucho de su actitud hacia el deporte. Los que se rinden fácilmente demuestran que su interés está en otra parte. Los líderes no tienen esa suerte; deben perseverar.

La capacidad de perseverar cuando las cosas están en contra es lo que revela el carácter. Cuando las cosas van bien liderar no es gran cosa; de hecho, la mayoría de los altos directivos tendrían que dar un paso atrás y dejar que otros muestren lo que pueden hacer. Pero cuando las cosas se ponen feas, ya sea por un cambio de mercado, un competidor nuevo o una crisis inesperada, ahí es cuando los líderes deben salir a la palestra. No hay nada vergonzoso es que te tumben; la vergüenza está en quedarse boca abajo. Cómo te recuperas es lo más importante. Así es como puedes hacerlo.

Prepárate para lo peor. Los líderes tienen que mirar hacia delante. Eso es parte del proceso de visión, pero muy a menudo los líderes planifican para los buenos tiempos sin pensar realmente en los auténticos peligros. Una mentalidad así lanzó a las superpotencias de Gran Bretaña, Alemania y Francia a una guerra que comenzó con una excusa (el asesinato de un archiduque) y las arrastró a una guerra sin fin aparente, que mató a millones y que, lo que es peor, preparó el terreno para una guerra aún más horrenda una generación después. Así que, sí, piensa en lo que puede salir mal. Por ejemplo, si estás planificando el lanzamiento de un producto, plantéate lo que pasaría si fracasa. Eso no es ser pesimista; es ser realista. «El mejor momento para reparar el tejado —dijo John F. Kennedy— es cuando el sol brille». Haz la planificación de los escenarios posibles. Estarás al tanto si las cosas acaban saliendo mal.

Perdónate a ti mismo. A las buenas organizaciones les pasan cosas malas. Así que no te quedes ahí sentado y abatido cuando las cosas salgan mal. Incluso aunque te durmieras al timón y no vieras el problema avecinarse, no tiene sentido regodearse en la autocompasión. Levántate y ponte en marcha. Implícate en el proceso de recuperación y resolución. Lo primero que se hace es preguntar qué ha salido mal. Luego pregunta: ¿qué puedo hacer para ayudar? Nada es más potente para el ánimo que un líder que está con su gente cuando las cosas se complican. Deja que te vean, oigan y sientan; es decir, haz que tus acciones hablen por ti.

Sigue adelante. El estancamiento es la sentencia de muerte de la recuperación. No te puedes permitir no hacer nada. Puedes pensar y planear, sí, pero debes hacer algo. Por ejemplo, si una iniciativa de servicio fracasa y los clientes ponen el grito en el cielo, no eches a tu equipo de ventas a los lobos; acompáñalos a la visita comercial. Te enfrentarás a una gran hostilidad por parte del cliente, pero merecerá la pena por la reputación que ganas ante tu equipo de ventas. He visto muchas empresas recuperarse de tropiezos en productos y servicios simplemente por admitir el problema desde la dirección. Los clientes también apreciarán tu esfuerzo por ponerte manos a la obra.

Conocer tus límites

Habrá momentos, no obstante, en los que la opción inteligente será alejarse. No se pueden ganar todas las batallas. Esto se ve representado muchas veces en el deporte. Los equipos trabajan toda la temporada para llegar a las finales, pero fracasan en el intento; sencillamente no tienen el talento para llegar hasta el final. Los equipos inteligentes se reagrupan; contratan a un nuevo entrenador, quizá, o se recargan con uno o dos jugadores nuevos. Los Detroit Pistons son un ejemplo perfecto de esto; llegaron a las finales de la Conferencia Este durante seis años consecutivos y ganaron el campeonato de la NBA un año, en 2004. Algunos años cambiaron de entrenadores; otras veces repusieron jugadores. Los resultados globales fueron rachas de finales sucesivas y con éxito. Aunque no las ganaron todas, excepto un año, demostraron su capacidad para competir y, de paso, superar la adversidad.

La adversidad blinda la ventaja del liderazgo. Significa que has pasado por tiempos difíciles. Los comandantes que han soportado las dificultades, los peligros y las pérdidas del combate conocen el auténtico precio de la guerra; saben el efecto que tiene sobre la vida, el cuerpo y la psique, y por esa razón poseen una presencia de mando que es dureza por un lado y por otro lado tranquilidad, una combinación que surge de haberse puesto a prueba hasta el límite y haber sobrevivido. Lo que aprendemos de esos comandantes es que la adversidad no hay que tomársela a la ligera, pero puede y debe superarse si vas a liderar.

«La imaginación es más importante que el conocimiento».

—Albert Einstein

ADAPTABILIDAD: TODO CAMBIA, HASTA LOS LÍDERES

■

La vida cambia. Los líderes que no se adaptan a las circunstancias cambiantes son directivos que enterrarán a sus organizaciones. La capacidad de adaptarse es vital para el éxito.

La adaptabilidad es una característica fundamental del liderazgo. La vida, después de todo, es adaptarse a las circunstancias, así que, ¿por qué no iban a hacer lo mismo los líderes? Adaptarse al cambio en el trabajo «es el equivalente del liderazgo a ser diestro pero intentar escribir una carta con la mano izquierda», escriben Al Calarco y Joan Gurvis, autores de *Adaptability: Responding Effectively to Change* [Adaptabilidad: responder con eficacia al cambio]. Al utilizar la investigación realizada por Steve Zacarro de la Universidad George Mason, la cual describe dos tipos de flexibilidad, la cognitiva y la emocional, Calarco y Gurvis añaden una tercera característica, la «flexibilidad de disposición». Esta se aplica a la persona que se adapta a la situación pero anhela un «futuro mejor». Para estos líderes «el cambio es una oportunidad». Las tres formas de flexibilidad, argumentan Calarco y Gurvis, son necesarias para los líderes de éxito.[13]

La adaptabilidad es el distintivo de las compañías de larga duración. Por ejemplo, de las empresas seleccionadas para el primer índice Dow Jones formulado antes del final del último siglo, solo una continúa: General Electric. Ha pasado por varias evoluciones, o adaptaciones, a lo largo de su prolongada vida. Asimismo, W. L. Gore, con menos de la mitad de la edad de GE, es otra empresa que hace de la adaptabilidad una virtud. Como resultado, es un innovador de renombre. Tanto GE como Gore han hecho de la adaptabilidad una virtud; es una parte integrante de su cultura. Entonces, ¿cómo puedes asegurar la adaptabilidad?

Abre tu mente. Probablemente sea un cliché hablar de adoptar ideas nuevas. Todos los buenos directivos dicen que lo hacen. «Mantengo la mente abierta», dicen todos, a menudo mientras cierran la puerta de su despacho o salen de una reunión de personal. Mira, cuesta trabajo adoptar lo nuevo; el statu quo es muchas veces un refugio seguro. Por lo tanto, adoptar ideas nuevas podría percibirse como una invitación a los problemas. Pero si las ideas no se ofrecen, debaten y o bien se descartan o se adoptan, el statu quo pierde su significado porque la organización se hunde en la mediocridad y el fracaso.

Roba a los mejores. Una ventaja que tienen los directores ejecutivos que muchos otros en la compañía no tienen es la oportunidad de visitar otras empresas. A veces impulsa la organización propia cuando el superior regresa de un viaje rebosante de buenas ideas extraídas de otra compañía. Lo que es especialmente mortificante es cuando el director ejecutivo suelta una idea que la gente de dentro de la organización ha estado promoviendo pero afirma haberla aprendido en otro sitio. La tendencia, entonces, es que todo el mundo mire a su alrededor y diga: «¿Qué somos? ¿Un cero a la izquierda?» Aun así, tomar ideas de todas partes es una buena costumbre que adquirir. Simplemente fíjate bien de dónde vienen.

Cambia las cosas. El síndrome del «no se ha inventado aquí» es la sentencia de muerte de muchas buenas compañías. Las ideas pueden surgir a montones, pero cuando la gente presiona para que haya cosas nuevas y nada cambia nunca porque se las echan por tierra, rápidamente pierden el interés y hacen una de estas dos cosas: callarse o dejar la empresa. Ninguna de las dos es una buena propuesta. A veces los que están de cara al cliente o en la planta de producción son los mejores para cambiar las cosas. Un principio de la *lean manufacturing* es captar la mente de los trabajadores de la fábrica y darles la autoridad y la responsabilidad para implantar las mejores prácticas. Cuando alguien tiene una buena idea para la mejora el equipo vota a favor o en contra y la implanta o no. La posibilidad de cambio está siempre ahí.

Los principios van primero

Por supuesto, habrá momentos en lo que ser adaptable sea mortal. Por ejemplo, si un empleado superestrella resulta ser un malversador, no te adaptas a su forma de robar; lo echas volando de la empresa. Cuando se trata de la ética y la integridad, la inflexibilidad es un principio moral. Atenerse a esas virtudes te asegura que los demás captan el mensaje y eso refuerza la cultura de valores positivos que has construido con el tiempo.

Las empresas emprendedoras son, por naturaleza, organismos que se adaptan. Lanzan nuevas ideas y nuevos servicios que son los primeros en comercializar y, en el mejor de los casos, crean nuevas categorías de productos. Esto es especialmente cierto para la electrónica de consumo, la informática y el desarrollo de *software*. Los líderes de empresas en estas industrias deben hallar el equilibrio adecuado entre cambiar con las circunstancias y sujetarse a los valores fundamentales. No existe una fórmula mágica; el equilibrio surge de la química del liderazgo.

Cultivar el buen juicio

La adaptabilidad en los negocios requiere algo más que la capacidad de ser flexible; requiere buen juicio. El juicio en los negocios viene tanto de los libros como de la experiencia. A los estudiantes del máster en gestión empresarial se les inculcan casos de estudio que proporcionan cierta comprensión de cómo las empresas crecen, se desarrollan y, a veces, fracasan. De alguna manera, estudiar el fracaso sirve mejor de lección, porque en la caída podemos ver los errores completamente a salvo, y con la ventaja de la retrospectiva. Puedes identificar los productos defectuosos, los lanzamientos fallidos, las fusiones desintegradoras, las culturas disfuncionales... todo lo cual contribuye a la espiral de declive. La que puede no ser tan obvia es la profunda falta de sentido común.

Toda decisión tendrá consecuencias; piensa en ellas. Por ejemplo, si eres un agente de compras y se te acusa de solicitar las ofertas más bajas, harás mucho para mejorar el balance corporativo. Lo que puede no ser tan visible hasta años más tarde es el efecto que las ofertas de bajo coste tienen en la calidad y la satisfacción del cliente. Las empresas automovilísticas locales enfrentan este dilema a diario al presionar a los proveedores para conseguir precios cada vez más bajos. Dada esta presión, no es sorprendente que los costes de la garantía de un fabricante de automóviles a veces se disparen; bajar los costes puede implicar disminuir la calidad en términos de durabilidad. Al pensar en cómo afectará tu decisión a tu jefe, tu equipo, tu empresa y tu cliente, puedes conseguir un mayor control sobre lo que haces.

También es útil considerar el impacto de tu decisión a la luz de la realidad. Una buena evaluación de si tu decisión es buena o mala es imaginar que se publica como noticia de portada en un periódico económico. Esta prueba es buena para descubrir problemas de ética e integridad; es decir, ¿quieres que tu nombre se asocie a una decisión que enriquecerá la retribución de los altos directivos pero no la de los empleados rasos? Esta prueba también se puede aplicar a las decisiones empresariales, es decir, sobre qué mercados explorar, qué productos desarrollar, qué servicios ofrecer y qué competidores tener en cuenta. Asuntos de confidencialidad aparte, piensa en cómo se desenvolverán las decisiones en el mercado. ¿Serán vistas como sabias o expeditivas, o meramente interesadas? Las respuestas pueden ayudarte a pulir tus dictámenes.

El buen juicio en los negocios ha de ser ensalzado, claro, pero no lo es todo en la visión empresarial. A menudo las circunstancias en forma de tendencias contrapuestas, fuerzas económicas globales o simple competitividad tradicional destruirán la compañía, incluso cuando tenga gente bienintencionada al timón. Ahí es donde surge la capacidad de adaptarse a las circunstancias cambiantes. En los negocios se necesitan hombres y mujeres que puedan percibir la oportunidad donde otros no lo hacen. Tienen las habilidades y la tenacidad para ir por ella con un intenso afán pero no con una despreocupación temeraria. Son adaptables, pero también poseen buen juicio.

«Perdona siempre a tu enemigo, no hay nada que lo enfurezca más».

—OSCAR WILDE

PERDONA (NO OLVIDES)

∎

Ninguno de nosotros es perfecto. Admitir nuestras faltas
es fundamental para el crecimiento personal y del equipo.
Pero también debemos aprender de nuestros tropiezos.

Algo digno de mención sucedió la primera semana de octubre de 2006. El mundo vio cómo una comunidad devastada por la tragedia no buscaba venganza, sino sanidad. Un pistolero irrumpió en la escuela de una comunidad amish en Lancaster, Pensilvania, y disparó a diez jovencitas de entre siete y trece años (matando a cinco de ellas), y luego se suicidó. Esa tarde el abuelo de dos de las chicas habló de la necesidad de perdonar al asesino. Más tarde se descubrió que reiteraba esos comentarios mientras la madre de las niñas asesinadas preparaba los cuerpos para el entierro. Cuando las donaciones empezaron a llegar a la diminuta comunidad, los amish, acostumbrados a la autosuficiencia, decidieron aceptar las donaciones porque eso ayudaría a las personas de fuera a sentirse mejor. También insistieron en que el dinero se apartara para la educación de los hijos pequeños del pistolero. Una y otra vez el comportamiento de los amish tras esta tragedia desafió lo que habíamos llegado a esperar como algo normal. Por ejemplo, más tarde se informó de que la mayor de las niñas que el asesino mató pidió que le dispararan primero a ella, para que las niñas más pequeñas pudieran salvar la vida.

Pero, de nuevo, los amish son diferentes; han elegido vivir una vida que se distancia del mundo moderno al rechazar las comodidades y facilidades de la tecnología moderna a cambio de una vida rural más sencilla que gira en torno a Dios, la familia y el trabajo. De ellos podemos aprender mucho sobre la profundidad y la riqueza del espíritu humano, así como del poder de los valores compartidos y la comunidad. Dicen que el carácter se muestra en la adversidad; si eso es cierto, entonces el carácter mostrado por los amish trasciende lo esperado y, de paso, nos enseña a todos. Ahí van algunas de esas lecciones.

La naturaleza humana, siendo lo que es (a veces egocéntrica, superficial y egoísta), puede aprovechar una tragedia horrible para recordarnos el poder de una de nuestras virtudes más valiosas: la capacidad de perdonar. Pero la palabra «capacidad» difícilmente le hace justicia a ese acto. La mayoría somos capaces de perdonarle a un amigo o conocido alguna leve indiscreción, pero perdonar el asesinato deliberado de inocentes, como ha hecho la comunidad amish, requiere algo más que «capacidad»; requiere auténtico poder, el tipo de poder que tiene el valor para desafiar al odio.

La condición humana

El perdón no está limitado a la gente de fe, por supuesto. Los líderes de todas las profesiones demuestran lo que significa perdonar en el curso de sus vidas profesionales. Una de las historias más famosas sobre el perdón se le atribuye al legendario director ejecutivo de IBM Thomas J. Watson: «Recientemente me preguntaron si iba a despedir a un empleado que había cometido un error que le costó a la empresa seiscientos mil dólares. "No", contesté, "me acabo de gastar seiscientos mil dólares en formarle. ¿Por qué iba a querer que otra persona arrendara su experiencia?"»[14] Watson entendía que el fracaso es uno de los mejores maestros. Tristemente, esta lección se olvida a menudo cuando las cosas se ponen feas. Nuestra cultura de gestión se inclina a favor de buscar culpables en vez de encontrar la causa y finalmente empezar a encontrar soluciones.

El perdón es una emoción humana esencial. La tradición cristiana reverencia el perdón; es parte esencial de su fe. Pero otras creencias también hacen del perdón un hábito. Thich Nhat Hanh, escritor y activista por la paz, ha escrito con elocuencia sobre la necesidad de perdonar como medio para hallar la paz personal, por no mencionar la paz entre los hombres. Lo que hace el perdón es abrir la puerta al diálogo y, en última instancia, al entendimiento de las necesidades y deseos de los demás. Dicho proceso no solo deriva en una mejor interacción humana, sino también, en el lugar de trabajo, en una productividad aumentada. Los directivos que quieran sacar más de su personal de la forma correcta pueden comenzar implantando una política de perdón. He aquí cómo hacerlo.

Diferencia los grados de los errores. No todos los errores o equivocaciones son creados iguales. Considera el caso de un empleado que acose verbalmente a otro empleado; el perpetrador podría pensar que está siendo gracioso cuando en realidad su comportamiento es atroz. Esa clase de errores no se puede tolerar. Compara el abuso verbal con un encargado de proyecto que acepta demasiado trabajo para sí y, por lo tanto, sobrecarga a los empleados, se aparta de los colaboradores, gasta demasiado y no cumple con la fecha límite. En el primer ejemplo el empleado era un grosero irrespetuoso; en el segundo ejemplo el encargado quizá era egoísta pero es más probable que estuviera equivocado y, como resultado, fuera incompetente. Con un poco de formación, al encargado puede hacérsele entender cómo convertirse en un directivo más eficiente delegando autoridad y responsabilidad. Pero puede que la formación para los abusones no merezca la pena. De todas formas, ¿quién los necesita?

Exige disciplina. Los errores deben tener consecuencias. Las consecuencias deberían reflejar la gravedad del error. Todos cometemos errores, y muchas veces nuestro error es nuestro castigo (p. ej., se nos pasa una fecha límite o no podemos entregar un proyecto dentro del presupuesto). Pero demasiado a menudo nuestra cultura del derecho parece dejar que la gente se libre de errores más atroces, tales como ignorar consejos o signos de advertencia. Los líderes eficientes saben que deben disciplinar los errores; si no, ocurrirán una y otra vez. Por ejemplo, si un encargado de proyecto se pasa del presupuesto repetidamente a pesar de las advertencias, debería abstenerse de gestionar proyectos. O en el caso de nuestro abusón, un comportamiento así podría ganarse una suspensión o un despido. Tu departamento de RR. HH. puede aconsejarte sobre esos temas.

Enseña una lección. Convertir los fracasos en lecciones aprendidas es de suma importancia. Considera el ejemplo de Pfizer y su medicamento Celebrex;

la empresa anunció posibles complicaciones relacionadas con ataques al corazón y derrames cerebrales horas después de recibir la noticia del estudio del Instituto Nacional de la Salud que estaba evaluando el medicamento no para el dolor, sino para la prevención del cáncer. El director ejecutivo Hank McKinnell pasó los días siguientes saliendo en televisión y contestando preguntas de los periodistas; luchaba por ser tan abierto y franco como fuera posible.

Pfizer hizo lo contrario de lo que había hecho Merck con una noticia similar sobre Vioxx; Merck ocultó los posibles efectos secundarios durante años. Los directivos pueden tener la tentación de hacer lo mismo cuando se den errores en sus lugares de trabajo. Sin embargo, en lugar de eso debería reunir a la gente para identificar el problema y formular una posible solución. Pídele ideas a la gente, incluso a aquellos que podrían haber metido la pata. ¿A quién acudir mejor que a las personas que han experimentado el problema de primera mano?

Utiliza tu criterio

¿Se puede perdonar demasiado? ¡Por supuesto! Los directivos que son demasiado prontos a perdonar se pueden encontrar con falta de ayuda para sacar las cosas adelante. ¿Por qué? Porque no habrán conseguido inculcar un principio fundamental del liderazgo: pedirle cuentas a la gente por sus acciones. Tristemente, los directivos que son demasiado blandos serán presa fácil para los empleados que tengan más interés en haraganear que en alcanzar logros. Se aprovecharán de un directivo que no practique la disciplina. Los directivos así nunca se ganarán el respeto de nadie.

Hay un punto importante a tener en cuenta cuando se evalúan los errores, sus consecuencias y la oportunidad para el perdón. Y es: ¿por qué? Por ejemplo, si un directivo intentó mejorar el servicio a un cliente y fracasó, esa es una clase de error cometido por las razones correctas pero con las herramientas equivocadas. Por otro lado, si un directivo intentaba llevarse el mérito de un esfuerzo de equipo excluyendo a los demás, entonces ese comportamiento era para su propio beneficio y no para la mejora de la organización. Esa clase de directivos tiene que ser reprendida y vigilada muy de cerca.

Los receptores del perdón no son los únicos beneficiarios. Mientras conserven su trabajo para producir un día más, el directivo es el que más se beneficia. ¿Por qué? Uno, el líder ha demostrado que el fracaso puede ser una opción y que, cuando se convierte en una lección aprendida, la recuperación es la mejor opción. Dos, el líder transmite comprensión y compasión, lo cual no solo es bueno para el transgresor, es genial para la moral del equipo. Imagina lo que pensarán los demás empleados cuando vean que su jefe le da a alguien otra oportunidad. La organización gana en última instancia. Los empleados se sienten más seguros en sus propios trabajos y quizá hasta más dispuestos a dar algo extra por el equipo. Y eso es una ganancia para todo el mundo.

«No encuentres al culpable. Encuentra las soluciones».

—HENRY FORD

NO BUSQUES UN CULPABLE

Aunque sea fácil encontrar un culpable, puede que sea una línea de acción más sabia ponerse de nuevo en marcha para hacer que las cosas marchen.

No hay nada más indecoroso que los políticos riñendo por averiguar quién tiene la culpa, especialmente cuando la gente que los eligió está sufriendo. En momentos así, es bueno recordar que el general Eisenhower escribió una pequeña nota la noche antes de la invasión del día D. En parte escribió: «Las tropas, la aviación y la marina hicieron todo lo que la valentía y la devoción al deber podían hacer. Si hay alguna culpa o falta ligada al intento, es mía solamente». Esa nota podría haberse perdido para la posteridad si un ayudante con buen ojo para la historia no la hubiera rescatado.

Un soldado que sirvió en esa guerra y más tarde sirvió como líder de la mayoría en el senado, guarda una copia enmarcada de la nota de Ike en su despacho. Ese ex soldado es Bob Dole, que fue gravemente herido en Italia en abril de 1945. Después de recuperarse de las heridas de guerra que lo dejaron parcialmente paralítico, Dole se metió en política. A lo largo del prolongado ejercicio de su cargo, Dole aprendió un par de cosas sobre rendir cuentas, concretamente a compartir el crédito por lo que sale bien y aceptar la responsabilidad cuando las cosas salen mal. Le extendió la mano a la oposición cuando el consenso era importante en asuntos relativos a la atención médica, los derechos de los discapacitados e incluso la guerra.

Al hacerlo, Dole le hacía un buen servicio a su partido republicano, pero le hacía un mejor servicio a su nación. El legado de Dole es algo que sus sucesores en el gobierno harían bien en imitar.[15]

La publicación de la investigación de la comisión del 11 de septiembre sobre la actuación del gobierno y las agencias de seguridad aquel fatídico día en el que Estados Unidos fue atacado fue recibida con mucha publicidad. El informe, en formato de libro, se convirtió en un éxito de ventas instantáneo. El informe en sí describía los errores cometidos por cada delegación del gobierno en dos administraciones distintas y reclamaba reformas significativas. Algunos críticos, no obstante, censuraron al comité por no imputarles la culpa a los individuos en particular; había quien quería que rodaran cabezas. El comité decidió hacer lo mejor y no pedir cuentas a los individuos. Creo que es una sabia opción por una importante razón: el comité busca una reforma genuina, no una caza de brujas. El comité necesita el apoyo colectivo de múltiples agencias y múltiples delegaciones del gobierno para hacer que la nación sea más segura. Al hacer esto el comité da una buena lección, no solo al gobierno, sino también a las empresas estadounidenses.

Encontrar al culpable

Encontrar al culpable es un deporte sangriento en muchas empresas. Cuando las cosas salen mal, a los pesimistas les encanta sacar los dedos, como pistoleros del viejo oeste apuntando a la derecha, a la izquierda y al centro, y disparando repetidamente, mientras se sonríen con cinismo porque han sido demasiado listos como para cometer errores así. ¡Bastante improbable! En el periodo que sigue a una iniciativa fallida hay culpa en abundancia para repartir. Y por esa razón las personas señalan con el dedo, se insultan unas a otras y siguen adelante sin realizar ningún cambio significativo. No tiene por qué ser así.

Si somos honestos con nosotros mismos, reconoceremos que hay algo en nosotros que quiere encontrar un culpable; puede que algunos incluso nos deleitemos en ver los fallos de los demás. Identificar faltas en los demás provoca dos cosas. Una, nos da derecho a sentirnos importantes, alegrándonos de no ser tan tontos. Dos, nos hace aparentar que las malas circunstancias no nos asustan.

Pasos hacia las soluciones

No te equivoques: cuando las cosas salgan mal, debes encontrar la causa. Primero, determina qué ha salido mal; segundo, descubre por qué y cómo ocurrió; y tercero, identifica quién lo hizo. Colocar el qué, el por qué y el cómo antes de «el quién» le quita responsabilidad a los individuos y se la adjudica exactamente a quien le corresponde: al problema. La comunicación es fundamental para evitar buscar un culpable. Veamos algunas sugerencias para eliminar los problemas de raíz.

Define el qué. Antes de poder encontrar soluciones tienes que definir el problema. El ejército lo llama informe de acción. Al detallar los pasos, puedes definir dos cosas: tanto lo que ha salido mal como lo que ha salido bien. Por ejemplo, puede que el *software* de actualización del nuevo servidor funcione bien; puede que la instalación en su sistema fuera defectuosa porque a los técnicos no se les informó adecuadamente del proceso de instalación. Antes de culpar al vendedor, tienes que identificar el problema hablando con la gente involucrada en el proceso de instalación.

Dirige el por qué. Los problemas en las empresas no surgen sin más; son el resultado de errores de individuos, equipos y estructuras organizativas. Algo fundamental en el sistema de producción de Toyota es el concepto de los Cinco Porqués, una base de análisis de causas de origen que usan los ingenieros para descubrir la causa de los problemas, no solo sus síntomas. Los directivos pueden utilizar el porqué para descubrir por qué las cosas han salido mal.

Descubre el cómo. Las respuestas a la pregunta «por qué» esbozarán el problema, pero al preguntar «cómo» podrás llegar a una causa inmediata. Por ejemplo, si una iniciativa de ventas no alcanza su objetivo, las respuestas a «por qué» indicarán presiones competitivas, aversión del cliente o fracaso del producto. El «cómo» tratará con el proceso de ejecución; en otras palabras, quizá los vendedores no supieron cómo manejar las presiones competitivas, cómo demostrar las características y los beneficios para superar la resistencia del cliente o cómo posicionar los defectos del producto.

Haz que sea seguro fallar. La razón para buscar un culpable es el fracaso. Nuestra cultura ensalza el éxito, y eso es bueno en un sentido porque le da a la gente algo que buscar y por lo que luchar. En cambio, no tener éxito, es decir, fracasar, se juzga con demasiada dureza, es triste decirlo. En el mundo de la fabricación, Seis Sigma, que intenta limitar los defectos al sexto decimal (p. ej., 3.4 defectos por millón), ve el reducir los fallos como un medio para un fin, no como un fin en sí mismo. Las cintas verde y negra de Seis Sigma les enseñan a los demás cómo aprovechar las lecciones aprendidas de los fallos para mejorar la calidad y la productividad. Los directivos harían bien en emular esta mentalidad asegurándose de que la gente entienda que no pasa nada por fallar, siempre y cuando trabajes dentro de los parámetros de la tarea y hagas lo que creas que es mejor para el equipo.

Hazte cargo de las crisis. Tuvo que intervenir el ejército estadounidense para que se hicieran las cosas. La división aérea 82, junto con la Guardia Nacional, restauraron el orden en las calles inundadas. El teniente general Russel Honore se distinguió por cómo reaccionó haciéndose cargo; no es por nada que Honore es conocido por su apodo, el Fiero Cajún. Bajo el liderazgo de Honore las calles de Nueva Orleans eran seguras y las operaciones de ayuda pudieron continuar. Ese ejemplo lo imitó el vicealmirante de la Guardia Costera Thad Allen, quien asumió el mando de las operaciones de ayuda. Estos oficiales, con el apoyo total de sus tropas, sabían cuándo ejercer autoridad y cómo utilizarla para el beneficio de los necesitados.

Mira el banquillo. Las empresas que se mantienen bien a lo largo del tiempo se ganan una reputación por el modo en que forman y desarrollan a sus directivos. En estas empresas las expectativas de excelencia en la gestión son altas. Los directivos se desarrollan y cultivan tanto en el trabajo como en programas de desarrollo administrativo. Las expectativas son altas para los directivos de todos los niveles. Cuando un directivo asciende (o es reclutado por otra compañía) otro entra a ocupar su lugar. Como resultado, la empresa no pierde su empuje. Siempre hay alguien dispuesto a sacar las castañas del fuego. Por lo tanto, la lección es que los directivos también tienen que intentar desarrollar su cantera de talentos y así tener gente preparada para entrar a jornada completa o parcial para mantener al equipo en marcha. Si el miedo al fracaso y el riesgo de ser culpados acechan en lo alto, entonces la gente de talento mirará a otro lado. Lo dicho, los directivos tienen que hacer que sea seguro correr riesgos y que sea aceptable fallar.

Identifica a los pesimistas. Algunos dentro de los confines corporativos disfrutan buscando un culpable. La razón puede ser una de varias: diversión, aburrimiento o apatía. De estas, la apatía es el mayor pecado; surge del desinterés total, de una falta de compromiso con el negocio y de un desprendimiento de las consecuencias. Así que en vez de echar una mano para ayudar, buscan oportunidades para poner la zancadilla. Ninguna empresa puede permitirse tal negatividad.

Busca actos de bondad. La avalancha de solidaridad pública, junto con los cientos de millones en donaciones, demostraron que la gente se preocupaba por las víctimas. Pero para mí fueron las pequeñas historias las que tuvieron el mayor impacto. Por ejemplo, cientos, si no miles, de policías y bomberos de otras ciudades a lo largo y ancho de la nación acudieron para ayudar a la damnificada Nueva Orleans. Y fueron los cooperantes, muchos de los cuales eran voluntarios, los que dieron asistencia a los afectados, a menudo ofreciendo palabras de consuelo o ayuda material.

Las represalias por los ataques pueden ser tentadoras, pero es tener poca visión. Los directivos inteligentes, aquellos que saben cómo conseguir las cosas de la forma adecuada, buscan a sus contrincantes e intentan ganárselos. Lyndon B. Johnson era un maestro ganándose o neutralizando a sus enemigos. Como comentó una vez con sus nada decorosas maneras sobre el director del FBI, J. Edgar Hoover: «Probablemente sea mejor tenerlo dentro de la tienda de campaña meando hacia fuera, que fuera de la tienda meando hacia dentro».[16] En otras palabras, habla con la gente que critique tu trabajo. Agasájalos pidiéndoles consejo y trata de acogerlos como aliados. Al hacerlo conseguirás puntos de vista alternativos, los cuales pueden ayudarte a reducir los errores, pero también a mitigar la búsqueda de un culpable. La gente es mucho más reacia a criticar algo en lo que tienen una participación.

Una clase de culpa

Hay ocasiones en las que hay que imputar la culpa y ejercer la disciplina. Por ejemplo, si la persona que cometió el error lo hizo a pesar de las advertencias de sus colegas y jefes, entonces el castigo debe ser severo, y quitarle la autoridad. En cambio, si el error se cometió con la mejor de las intenciones y con el apoyo de los demás, como en el lanzamiento de un producto que fracasa, se puede culpar, pero al equipo, no al individuo.

Las organizaciones que han triunfado a lo largo de los años son las que han enfrentado la adversidad y la han superado. En el proceso han tenido unos cuantos directivos incompetentes, así como meteduras de pata de la organización, pero no se oye hablar mucho de eso (a no ser que trabajes allí) porque esas organizaciones saben cómo tratar con los culpables. No las buscan. Manejan los errores encontrando soluciones y enseñando a su personal a anticipar los problemas, tratar con ellos y seguir adelante. Al quitarles a las personas el estigma de la culpa, estas empresas han podido superar la prueba del tiempo. Es algo que esperemos que nuestros gobiernos aprendan en la guerra contra el terror.

«No basta con hacerlo lo mejor que podamos; a veces tenemos
que hacer lo que hace falta».
—WINSTON CHURCHILL

NEGOCIA LA POSICIÓN, NO LOS VALORES

*Solucionar los problemas, incluso los más grandes, puede comenzar por
una comunicación clara y honesta. Pero los directivos tienen que hacer
que a la gente le resulte seguro expresar sus ideas y sugerencias.*

Algunos de los problemas que enfrentan los directivos parecen completamente irresolubles. Un grupo está enfrentado a otro, y ninguno de los bandos va a ceder. Puede que ambos profesen estar trabajando para la misma organización, pero nunca lo dirías al mirarlos; actúan como adversarios hasta la médula. El problema puede ser un nuevo producto, proceso, procedimiento o persona. Ninguno de los bandos cederá ni un milímetro.

Puede que te recuerde a los árabes y los israelíes discutiendo por la soberanía sobre una tierra que ambos afirman que es suya. Scott Atran ha estudiado ambos bandos y, de hecho, los asesora a ambos (así como al Departamento de Estado de Estados Unidos, entre otros). Él ha arrojado luz sobre el asunto. Como escribió Sharon Begley en su columna del *Wall Street Journal*, lo que divide a los israelíes de los palestinos es algo que el profesor Atran llama «valores sagrados». Por ejemplo, Israel reclama el dominio de Jerusalén; los árabes reclaman lo mismo, y hasta que el asunto de Jerusalén se resuelva no podrá haber paz genuina ni duradera en ninguna parte de la región: Gaza, los Altos del Golán o el Líbano.[17]

Las posiciones pueden ser temporales

Los valores sagrados son posiciones a las que un grupo se adhiere por encima de todas las demás; para cada grupo son inmutables. Estas posiciones no son exclusivas de judíos o musulmanes, también de cristianos, budistas y animistas, hasta de los no creyentes. El reto es apartar a la gente de algo que aprecia mucho. Puede parecer imposible, pero Atran cree que la clave se encuentra en el sacrificio mutuo. «La oposición violenta a la paz disminuye si al adversario se le ve comprometer su propia posición moral, aunque ese compromiso no tenga valor material», dice el profesor Atran. Abandonar una posición moral no es lo mismo que renunciar a la moralidad; si lo fuera, entonces el asesinato, el robo y la promiscuidad se verían como algo virtuoso. La palabra operativa es «posición», y las posiciones son prescindibles, especialmente cuando renunciar a ellas se considera un sacrificio. Y cuando ambos bandos lo hacen, los dos se sacrifican por un bien mayor.[18]

La obra de Atran puede tener consecuencias para los que estamos en el mundo corporativo. Muy a menudo el toma y daca de la gente se estanca por fuerzas opuestas con posiciones afianzadas que están respaldadas por la función y la estructura. Piensa en la mentalidad *lean*, por ejemplo. El error sobre el *lean* es creer que se trata de reducir el desperdicio, el coste y la gente. Los dos primeros son correctos; el último no. El *lean* es la adopción de una forma de pensar tanto para los equipos como para los individuos que es, en última instancia, liberador para estos últimos; es decir, pueden decidir por sí mismos cómo hacer su trabajo lo mejor posible. Pasarse al *lean* no es fácil; requiere la renuncia a la posición y el control marcados por la actitud de «así no se hacen las cosas aquí». Ahí es donde puede aplicarse el pensamiento de Atran. He aquí algunas sugerencias.

Renuncia a algo. El primer paso en toda negociación es estar preparado para renunciar a algo. Pero si las dos partes parecen estar en punto muerto, a lo que renuncies no puede ser algo trivial; debe ser algo de gran importancia. Por ejemplo, si dos jefes de departamento, uno del área financiera y otro de desarrollo de productos, están discutiendo por la financiación de un producto nuevo, puede que retrasar la fecha de lanzamiento no sea suficiente. Quizá tengas que descartar el proyecto completo, al menos por el momento. Haz saber que la renuncia es vital para el futuro de la empresa y que comprendes el contexto general.

Pide algo a cambio. Toda buena obra se merece otra a cambio. Digamos que el director financiero vence en «la escaramuza» al director de desarrollo de productos y el plan inmediato del producto se cancela. Si pasa esto, puede que el director de desarrollo de productos quiera solicitar un aumento de la financiación para futuros proyectos de desarrollo de productos. Después de todo, él ya ha mostrado su disposición a ceder en la batalla por un proyecto concreto. Pero si la empresa quiere sobrevivir y prosperar necesitará un presupuesto abundante para el desarrollo de productos. De esta forma el sufrimiento a corto plazo puede desembocar en ganancia a largo plazo.

Conoce tus límites. En toda negociación las habladurías se desatan con historias sobre quién está a favor, en contra o indeciso. Muchas veces a los directivos se les suministra información pero se les pide que la mantengan en secreto. Eso pone a menudo a los directivos en una posición insostenible; los empleados quieren conocer su futuro pero a los directivos se les prohíbe revelarlo. La solución es sencilla, pero no es fácil. Le dices a la gente que les dirás lo que sabes cuando puedas, pero no antes. Es difícil pero es la única manera y, con el tiempo, suponiendo que aún tengas empleados después de una fusión, te ganarás cierto respeto por tu veracidad.

Trabaja para conseguir algo mejor. Incluso cuando las partes consiguen lo que quieren, o algo parecido, puede que se estén lamiendo las heridas causadas durante la sesión de negociación. Quizá se intercambiaron palabras hirientes. Esa actitud es catastrófica y debe dejarse de lado, especialmente dado que ambas partes han ganado algo en la discusión. Deberían buscar inmediatamente nuevas formas de trabajar juntos. Los antiguos adversarios a veces se convierten en los mejores aliados. Y por una buena razón, se han conocido el uno al otro tanto en lo peor como en lo mejor. Es importante sacar partido de ese entendimiento y avanzar. Las diferencias entre ambos pueden utilizarse para validar las nuevas ideas que están por venir; las diferencias también se pueden dejar a un lado para que toda la organización se beneficie.

Mantén las cosas privadas en privado. Los directivos saben algunas cosas de la vida personal de sus empleados. Se enterarán tanto de las alegrías como de las dificultades de crisis particulares que podrían estar afectando a la capacidad de un empleado para ser productivo. En esas situaciones los directivos pueden tener la tentación de revelar detalles personales que quizá se dieron en confianza. Es mejor ser excelente y mantener las distancias. No te metas en cotilleos. Al mismo tiempo, se debería informar a los empleados de que eres consciente de la situación y que estás intentando encontrar ayuda para esa persona. Y, si es posible, si el equipo se queda corto de recursos por un tiempo, harás lo que puedas para encontrar ayuda o, al menos, intentar aligerar las agendas imposibles.

Habla de ello. La discreción es sabia en la comunicación, pero hay situaciones en las que tienes que hablar. Los directivos deberían adquirir el hábito de hablar con su equipo, es decir, de permitir que los superiores sepan cosas sobre los empleados colectivos e individuales. Dar la cara ante el equipo es especialmente importante en tiempos de transición. Cuando la gente se siente insegura respecto a su futuro es alentador ver cómo el directivo sigue cantando sus alabanzas. Es más, les demuestra a los que toman las decisiones que el equipo añade valor a la empresa.

Vivir según los valores

A veces la mejor forma de enfrentar el rechazo es mirar a otro lado. Buck O'Neil, la legendaria estrella de las Ligas Negras, fue ignorada en la admisión al Salón de la Fama de las Grandes Ligas de Béisbol. Un comité especial de investigadores había seleccionado a dieciocho hombres y una mujer que habían jugado u ocupado puestos de influencia en la antigua Liga Negra. (Esta liga era una alternativa para los jugadores de béisbol afroamericanos que tenían prohibido jugar en las ligas principales por razones de color.) O'Neil era un buen jugador de béisbol por derecho propio. Y cuando terminaron sus días de jugador, sirvió como entrenador en los Chicago Cubs (el primer entrenador negro de las ligas principales), y también como ojeador, ayudando a localizar a muchos jugadores de béisbol con talento, tres de los cuales están ahora en el Salón de la Fama: Billy Williams, Lou Brock y Ernie «Mr. Cub» Banks.

En una entrevista, Banks habló de lo excepcional que era O'Neil; podía ver el talento en un jugador que ni él mismo sabía que tenía. Como ojeador, entrenador, gestor y mentor lo ayudaba a desarrollarse como jugador y como persona. Más tarde O'Neil ayudó a fundar el Museo de Jugadores de Béisbol de la Liga Negra en Kansas City para conservar la tradición de las Ligas Negras. También sirvió como comentarista en la miniserie de Ken Burn *Baseball;* para muchos estadounidenses fue la primera oportunidad para conocerlo, así como para aprender sobre la tradición del béisbol negro. Y luego, en febrero de 2006, cuando O'Neil, ya con noventa y cuatro años, habló ante las cámaras acerca del rechazo del Salón de la Fama, estaba contento y animado, y le pidió a la gente que no criticara al comité especial porque había hecho un gran trabajo. «Y no derrames ni una lágrima por mí, hombre, por culpa de que no vaya al Salón de la Fama, porque yo mismo soy un salón de la fama».[19]

«Valores sagrados» es un concepto útil para tenerlo en cuenta en toda sesión de negociación. Considera lo que es más importante para el otro bando. Muchas veces lo que se está negociando, ya sea una retribución o una parcela de poder, no es por lo que realmente se discute. Lo que importa es el reconocimiento de los derechos individuales o la autonomía. Cuando cada bando reconoce el derecho del otro a existir, ejercitar su libre albedrío y ejercer autoridad, entonces la negociación puede comenzar. Esa es la «creencia sagrada». Es la afirmación de la individualidad lo que más importa. Las posiciones pueden cambiar. El reconocimiento de la dignidad personal no se puede posponer; debe afirmarse siempre. Y al hacerlo, ambos bandos, así como toda la organización, se benefician.

«Creo que todo derecho implica una responsabilidad; toda
oportunidad, una obligación; toda posesión, un deber».

—JOHN D. ROCKEFELLER, JR.

SER DURO

■

*El liderazgo requiere tomar decisiones difíciles respecto a
procesos y personas. Harás que algunas personas se enfa-
den. Es importante que blindes tu alma.*

Tu equipo favorito de baloncesto va ganando por una docena de puntos en el descanso. Parece que todos los tiros que lanzan van dentro; todos los rebotes le llegan a tu equipo; y al otro equipo se le ve descompasado y respirando con dificultad. Tus chicos sonríen mientras se van pasando el balón y le pasan al que lleva la delantera para meter una canasta fácil. Pero entonces, después del descanso, el otro equipo remonta y reduce la ventaja a la mitad. De repente es tu equipo el que no puede meter ni una canasta. Los tiros dan en el aro y se salen, los rebotes los recogen los otros y tus chicos no pueden hacer ninguna asistencia. Rápidamente el otro equipo ha llegado al empate, y en un momento se pone por delante. Tus chicos realizan un valiente esfuerzo, pero no pueden remontar. Pierden. ¿Qué acaba de pasar? Los entendidos del deporte lo llamarían un tropiezo; otros, un regalo; pero otros dirán que fue «falta de fortaleza mental». No es que tu equipo no esté en forma o no tenga talento, es que no tienen lo que hace falta para ganar un partido reñido. No saben cómo actuar en situaciones competitivas. Las lecciones prácticas se han disuelto en la caldera de las condiciones del juego.

El imperativo del liderazgo

La fortaleza mental no es algo reservado a los equipos; los líderes deben ejercerla también. La fortaleza mental es la capacidad de mantener el equilibrio cuando las condiciones están en tu contra. En el deporte, o en la batalla, vuelves al entrenamiento para descubrir lo que debes hacer para recuperar la ventaja. Lo mismo se aplica a los negocios, pero con una diferencia. En los negocios y en la guerra, la fortaleza mental es tanto física como cerebral, pero con la dimensión añadida del tiempo. Por ejemplo, si eres el director comercial responsable del lanzamiento de un producto nuevo. Dos meses antes de que estés preparado tu competidor principal se te adelanta con un producto similar. Entonces, ¿qué haces? ¿Rendirte y retirar tu producto? ¡Por supuesto que no! Sigues adelante con tu producto pero te adaptas a las circunstancias modificadas. Ahora tu producto es un «yo también», no un «único de su clase». Encuentra maneras de convertir eso en una ventaja. Al hacerlo estarás revisando las lecciones aprendidas (tu experiencia) pero también planificando por adelantado para las contingencias (planificación de escenarios).

Unos hemos nacido con algo más de resistencia que otros pero, cuando se trata de liderar en una organización, la fortaleza mental puede ser aprendida e implantada. ¿Cómo hacerlo? Veámoslo.

Prepárate. La resistencia deriva de la preparación. La gente de los servicios de emergencias, como los bomberos y los trabajadores de las ambulancias, tienen que hacer ejercicio para mantenerse en forma; pero también tienen que realizar simulacros en equipo para aprender a trabajar de forma más eficaz como unidad. Los ejecutivos se preparan escogiendo trabajos que cultiven sus habilidades, desafíen sus capacidades y les permitan desarrollar más habilidades y nuevas capacidades. Estos trabajos también proveen de experiencia, ya sea por hacerlo tú mismo o por mirar a otros. El ejército de Estados Unidos realiza una tarea excepcional de enseñanza en el trabajo pero lo hace sobre una base de entrenamiento. Los programas de liderazgo corporativo adaptan algunos de esos principios y encuentran maneras de utilizar las lecciones del aula como un entrenamiento que pueda aplicarse en el trabajo. Todo es cuestión de preparación.

Decide. El quid del liderazgo a menudo tiene que ver con tomar la decisión correcta. Lo que decides tiene consecuencias. Pero también las tiene no decidir. Algunas veces las decisiones hay que tomarlas rápidamente; otras veces las decisiones requieren deliberación y búsqueda de consenso. Pero, finalmente, será el líder o los líderes quienes tomen la decisión. Y si es una decisión de liderazgo genuina, será difícil. Los comandantes se pasan la vida preparándose para el momento en el que tengan que enviar hombres a la batalla. Los ejecutivos se pasan la carrera preparándose para el momento en el que decidirán el destino de su equipo, su función o su empresa. Algunos se quedan cortos, otros dan la talla. En todo caso, los líderes se han preparado durante años de tomar decisiones, para que cuando llegara la importante estuvieran preparados y tuvieran la suficiente fuerza mental para decidir.

Avanza. Una vez la decisión esté tomada, debes actuar en consecuencia. La coherencia es vital. No apoyar la decisión es lo mismo que no tomarla. Por lo tanto, debes reunir a la gente antes de la decisión para que se unan al plan. Y hacer seguimiento después para asegurarte de que comprenden las consecuencias y también cómo tienen que llevarlo a cabo. El liderazgo per se no es complicado; se trata de hacer lo que sea bueno para la organización. Lo que es complicado y complejo son las consecuencias que surgen de las decisiones que toman los líderes. Los directivos pueden utilizar herramientas de análisis tales como el rendimiento del activo (ROA) o el rendimiento de la inversión (ROI) para determinar el éxito o el fracaso. ¿Ha merecido la pena la inversión? Si es así, todos respiran aliviados; si no, puede que se requiera un retoque o un gran cambio de dirección. Habrá momentos en los que las decisiones puedan y deban revocarse, y cuando pase eso tendrás que prepararte, decidir y actuar de nuevo. Eso también es una forma de fortaleza mental.

Vivir con fortaleza

Prepararte para tomar decisiones difíciles es una cosa. Debes llevarlas a cabo de manera resuelta. Las decisiones de liderazgo mantendrán despiertos de madrugada a los hombres y mujeres buenos. Pero, en última instancia, el liderazgo trata acerca de demostrar fortaleza por el bien de la organización. Los directivos necesitan practicarlo y cultivarlo. Estas son algunas sugerencias para conseguirlo.

Actúa con honestidad. En realidad, la fortaleza comienza en el corazón. Puedes fingir fortaleza de cara a la galería; pero no puedes fingirla de verdad. Los líderes fuertes son omnipresentes. Su ejemplo se percibe en toda la organización. Las empresas de éxito que juegan según las normas generan expectativas en los empleados sobre cómo se hacen bien las cosas: con carácter y con integridad. Se espera honestidad, pero nunca se da por sentada. ¿Por qué? Porque la deshonestidad es tan humana como la honestidad y no saber reconocerlo es una invitación a los problemas. Los directivos no deben tolerar nunca la deshonestidad ni en ellos mismos ni en su personal. Puede que suene trillado, pero hay muchas organizaciones en las que una inspección un poco más detallada de los libros habría prevenido el colapso de la empresa.

Toma la decisión difícil. Muchas organizaciones entregan la toma de decisiones a los trabajadores rasos. Lo llamamos delegación de poder y permite que todo el mundo, desde la gente de atención al cliente hasta los técnicos, tome decisiones por el bien del cliente. Esta gente convierte la atención al cliente en apoyo al cliente. Eso está muy bien, pero cuando se trata de tomar decisiones difíciles sobre la visión o la misión, o sobre la estrategia y las personas, los que están en la cúpula tienen que decidir. Es eso para lo que se les contrata y por lo que reciben una remuneración lucrativa. Aunque los líderes deberían buscar opiniones de diversos grupos, es tarea del líder apretar el gatillo y tomar las decisiones que afectan a toda la empresa.

Presiona para conseguir lo mejor. A los directores ejecutivos les gusta alardear de lo buenas que son sus empresas, y eso está bien. Una parte de su tarea es jactarse en público. Cuando la empresa funcione bien, la gente debería saberlo. Pero ejercer de animadora no puede derivar en complacencia. Algo que Jack Welch no hizo nunca fue presionar para que se hiciera lo segundo mejor. Presionó a su organización con fuerza, algunos dicen que con demasiada fuerza, pero la impulsó. Su sucesor, Jeff Immelt, está haciendo lo mismo con un estilo diferente, más relajado, que quizá carece del drama de los primeros años de Welch, pero es de largo alcance, y puede que de mayor duración, ya que la compañía se esfuerza por innovar. Los directivos pueden hacer lo mismo tanto con sus departamentos como con su personal. Insta a la gente a que llegue un poco más lejos y cave un poco más hondo.

Da buen ejemplo. Ten en mente que, si estás presionando, será mejor que te vean escalar la montaña con el resto del equipo. Ningún directivo pierde prestigio más rápido que el que habla mucho pero hace poco más que fichar en la oficina. La fortaleza en la gestión una vez más se demuestra al ser visto y oído. Al estar disponible para que la gente te pueda hacer preguntas. Estar presente no es lo mismo que entrometerse. El ejemplo surge de entregarte al equipo para que la gente sepa que estás con ellos no solo en palabras, sino también en acción. Llámalo liderar en el frente o liderar con el ejemplo: en cualquier caso es liderar estando ahí.

Fortaleza compasiva

Por muchas que sean las virtudes de la fortaleza, no disminuye la necesidad de humanidad. Los aficionados al baloncesto universitario recordarán ese momento en las finales de baloncesto de la NCAA, que ahora reponen a menudo, en el que un joven jugador de la Universidad de Georgetown hizo una mala asistencia que fue directa a manos de un jugador del equipo contrario. Esa metedura de pata sentenció la derrota de los Georgetown Hoyas y sus posibilidades de ganar el campeonato. ¿Qué hizo el entrenador de los Georgetown Hoyas John Thompson? Rodeó con los brazos al joven y le dio un abrazo de oso, un acto nada pequeño para un entrenador que intentaba ganar su primer título de la NCAA. Nadie acusaría jamás al entrenador Thompson de ser un blandengue, sino que en ese momento estaba haciendo lo que era más importante para aquel joven: un abrazo que decía mucho tanto del jugador como de su sentido de equipo. (Poco después aparecieron pegatinas para los coches que decían: «¿Has abrazado a algún Hoya hoy?»)[20]

La fortaleza no es lo mismo que ser un macho. Los directores ejecutivos muchas veces tienen que tomar decisiones muy duras en su esfuerzo por enderezar y mantener a flote el barco que se hunde. En última instancia, la fortaleza trata de poner las necesidades del todo por delante de las necesidades de unos pocos. Muchos buenos directivos han dejado un puesto de trabajo para que otros pudieran tomar las riendas. Otros directivos han optado por prejubilarse en vez de costarle a una persona más joven su trabajo o su carrera. Las personas así nunca llegan a los titulares, pero están en el corazón y en el alma de muchas organizaciones. Su pérdida solo hace que todo sea más difícil y más duro, pero su ejemplo es aquel en el que la fortaleza se puede ver como una virtud y no como algo desgastado.

Implicarse

Hay un aspecto adicional de la fortaleza. Para volver a nuestra analogía del baloncesto, el equipo que hace ajustes en el descanso y sale con nueva determinación y nuevas técnicas evitará que el otro equipo haga entradas o que recoja todos los rebotes. Probablemente estos cambios los haya dictado el entrenador, el cual habrá determinado lo que hay que hacer y les habrá pedido a los jugadores que lo hagan. Una guía así es fundamental en una empresa. Por ejemplo, cuando tu empresa sea derrotada por un competidor será tarea de la alta dirección reunir a la gente para revisar qué productos y recursos tienen para contrarrestar el lanzamiento del nuevo producto. Muchas veces lo que se necesita más que los planes es la presencia; es decir, ponerte delante de los clientes y hablar de lo que han distribuido y continuarán distribuyendo. Al mismo tiempo, los líderes tienen que estar presentes entre su gente, escuchando sus ideas, enterándose de lo que tengan que decir, pero también reafirmando que la empresa es competitiva y puede responder.

La fortaleza es una forma de resistencia. Requiere la capacidad de recuperarse de la adversidad, pero también es un estado que deriva de la experiencia, así como de la preparación y de la disposición a adaptarse a las circunstancias cambiantes. En el fondo, la fortaleza mental tiene que ver con tomar decisiones difíciles. Eso nunca es fácil, pero es lo que define a un líder.

> «El poder no se revela al golpear fuerte o con frecuencia,
> sino al golpear de verdad».
>
> —**Honoré de Balzac**

LIBERAR EL ESTRÉS

∎

*Desahógate un poco de vez en cuando. Pero, si lo haces,
asegúrate de que canalizas esa «energía» de forma apropiada.*

El presidente de la división aprovechó la ocasión del encuentro nacional de ventas para hacer algo memorable. Se encendió contra el equipo comercial por no alcanzar los objetivos de ventas. Es cierto que las ventas habían sido bajas, terriblemente bajas, pero el comportamiento del presidente fue bastante bajo también. A decir verdad, el equipo de ventas había estado haciendo un buen trabajo para evitar que las pésimas ventas se hicieran aún más pésimas; el darle vueltas al asunto y el poner precios de forma creativa, estaban manteniendo a flote la empresa. El presidente, sin embargo, no lo veía así, y por eso le leyó la cartilla al equipo. Cuando las cosas van mal, demasiados altos ejecutivos hacen lo que mejor saben hacer: echarles la bronca a los que están por debajo de ellos.

Ir a la sala de castigo

Una organización que conozco incluso llamaba a una sala de reuniones concreta «la sala de castigo», porque era uno de los lugares favoritos de un ex alto ejecutivo para arremeter contra sus ejecutivos y machacarlos para que hicieran mejor las cosas. Este comportamiento me recuerda al tópico de las organizaciones poco productivas. Tienen una herramienta, un martillo, y saben muy bien cómo utilizarla. Eso está bien si vas a clavar clavos, pero si tienes que construir algo o, lo que es un reto aún mayor, crear algo nuevo y diferente que una a la gente en una visión colectiva compartida, un martillo no es muy útil. Es más, si la única herramienta que tienes es un martillo, todo te parecerá un clavo.

Descargarse a veces puede acarrear un alto precio. Un estudio de Randstand USA en 2006 reveló que el 44 por ciento de los empleados detestaba que se les hablara en tono despreciativo; y al 37 por ciento le disgustaba las «reprimendas públicas». Otro estudio dirigido por algunos profesores de la Marshall School of Business de la USC decía que el 50 por ciento de aquellos que habían sido tratados de forma grosera (y sí, echarle la bronca a alguien es grosero) se quedan tan alterados que se volverán menos productivos. Un cuarto incluso dijo que ralentizaría su productividad a propósito.[21]

Descargarse sobre los subordinados es una jugada provisional; los líderes inteligentes te dirán que debes escoger los momentos en los que alces la voz. Planificarlo con antelación es la jugada inteligente. ¿Por qué? Porque quiere decir que nunca pierdes el control. El autocontrol es fundamental para el liderazgo y hace posible la reacción apropiada cuando las cosas sí que van mal. He aquí algunas sugerencias.

Enfoca tu energía. Cuando las cosas van mal la gente acude al líder en busca de respuestas. Eso es completamente apropiado. Algunos ejecutivos asumirán la culpa; otros buscarán culpables. Determinar responsabilidades y aplicar consecuencias está bien, y a menudo es necesario. Pero quizá tocarle las narices a todo el mundo no lo sea. De hecho, puede que haga más mal que bien. Enfadarse está bien, pero enfoca la energía de la ira en el problema, no en la gente. Puede que haya que quitar a algunas personas de un proyecto, pero no metas a todo el mundo en el mismo saco como si fueran plenamente culpables. En lugar de alejar a las personas, el líder tiene que unirlas.

Anima el ambiente. En parte, enfocar la energía significa añadirle urgencia a la tarea. Los negocios normales no lo harán; es un tópico, claro, pero pone a la gente a pensar en enfoques alternativos. Con frecuencia el líder tendrá que contratar a gente nueva. Eso les dolerá a algunos empleados, pero cuando las cosas se están yendo a pique la urgencia manda. Tienes que adoptar nuevas ideas. El líder tiene que ser perseverante para asegurarse de que la gente trabaja en conjunto. No esperes que lo hagan sin una supervisión constante, al menos al principio. Ahí es cuando el líder tiene que permanecer cerca del problema, incluso diariamente. Los estudios sobre cómo los equipos se recuperan con éxito de los desastres muestran que los líderes de la cúpula se implicaron por completo en la recuperación. Las empresas que no se recuperaron nunca fueron aquellas cuyos líderes delegaron la tarea en otros.

Encuentra soluciones. Aquí llega el quid de la cuestión. Haz que pase algo. Reta al equipo a que proponga soluciones al problema. O, más importante, implícate en el proceso. Escucha lo que tu personal te diga. Si las respuestas no están del todo claras, pregúntale al cliente. Boeing lo hizo cuando estaba rediseñando su avión comercial de próxima generación, el 787. Los clientes del avión comercial le dijeron a Boeing que la eficacia del combustible era primordial, y también otras muchas cuestiones. Al contrario que su principal rival, Airbus, Boeing escuchó y realizó cambios en el diseño del avión. Los pedidos del nuevo avión comercial llegaron a raudales.

Desahogarse de la forma apropiada

Hay ocasiones, no obstante, en las que es totalmente apropiado que un alto directivo pierda los estribos con un subordinado. Después de todo, fue el ex director de presupuestos bajo el mando de Ronald Reagan, David Stockman (y más tarde ejecutivo de Wall Street), quien le dio a la frase «ir a la sala de castigo» un nuevo sentido. Stockman le había dicho cosas despectivas sobre el plan de presupuestos a un periodista, el cual, por supuesto, las publicó. Al presidente no le agradó demasiado, y en consecuencia descargó su ira sobre el director. Pero Reagan lo mantuvo en el cargo. Reagan no era vengativo; aplicaba la ira apropiada para corregir la situación. (Muchos años después, Stockman fue acusado de incorrecciones financieras que tuvieron lugar bajo su supervisión como director ejecutivo de un proveedor automovilístico que declaró la bancarrota.)

Con demasiada frecuencia los ejecutivos explotan porque la presión de estar al mando puede con ellos. Ocasionalmente, los desahogos son una parte esencial de la realidad del liderazgo, pero cuando esos comportamientos se vuelven abusivos y despectivos corroen la estructura de la organización. La gente que debería ser liderada y, en última instancia, inspirada por el líder acaba confundida, herida y desmoralizada. Muchas de esas personas, especialmente las de talento, pueden hacer algo aún más dañino (para la organización, claro) que el comportamiento de «chico malo» del jefe. Pueden marcharse, y dejar que el equipo directivo se las apañe; solo que esta vez tendrán menos gente a la que apalear. Esas personas habrán progresado, con frecuencia hacia unas oportunidades mejores. Y esa es la mayor de las pérdidas.

Parte IV

Pon al equipo en primer lugar

LA GENTE TIENE QUE SABER QUE TE IMPORTA. Eso no significa que los líderes sean amigos. Pero tienen que ser personas que ponen el interés del equipo y de la organización en primer lugar. Poner al equipo en primer lugar exige tanto sacrificio como alabanza. Exige tanto valor como perseverancia. Cuando las personas noten que el líder tiene en cuenta sus intereses, escucharán, seguirán y harán lo que se espera de ellos.

«Donde hay unidad siempre hay victoria».

—Publio Siro

CONSTRUIR LA CONFIANZA DEL EQUIPO

■

Los equipos necesitan desarrollar una noción de su propia capacidad.
La confianza en su habilidad colectiva es fundamental.

Una de las tareas más difíciles de la gestión es la reestructuración. Arreglar una organización apagada, hundiéndose o a punto de explotar requiere unas habilidades extraordinarias. Piensa en los Detroit Tigers, una de las franquicias más antiguas de las ligas mayores de béisbol. Ganó su última Serie Mundial en 1984, el último título de división en 1988 y no ha establecido ningún récord de victorias desde 1993. En 2003 los Tigers casi baten el récord de la inutilidad, el menor número de victorias por temporada. Por supuesto, como ironizaban los bromistas mordaces, no podían hacer bien ni eso; no consiguieron batir el récord del menor número de victorias de los New York Mets por un solo partido.

Centrarse en lo fundamental

Entonces llegó Jim Leyland, veterano en ese deporte, que pasó su carrera en las ligas menores en la organización de los Tiger antes de convertirse en entrenador de las ligas mayores, e incluso ganó un título de la Serie Mundial con los Florida Marlins en 1997. Lo primero que tuvo que hacer Leyland fue darle a su equipo una razón para creer, no solo en él sino también en sí mismos. Esa es la tarea del líder en cualquier circunstancia, pero en ninguna es más importante que en una reestructuración.

Leyland fue contratado en octubre de 2005 y pasó el periodo fuera de temporada presentándose a los jugadores a través de llamadas telefónicas y cartas. Cuando llegó el entrenamiento de primavera estaba un poco familiarizado con los talentos que tenía. Jugaban bastante bien, teniendo en cuenta que algunos jugadores estaban fuera participando en el Clásico Mundial de Béisbol, una competición internacional creada recientemente. Pero para el comienzo de esa temporada Leyland sabía con lo que contaba. El equipo hizo un buen comienzo, estableciendo un récord de victorias en las primeras semanas de la temporada. Pero no estaban completamente convencidos de su propio potencial. El 17 de abril las cosas se vinieron abajo; no consiguieron jugar como se esperaba. Leyland cargó contra ellos, acusándolos de hacer las cosas por cumplir. La diatriba de Leyland, un hombre por lo general afable que presume de mantener el equilibrio del equipo, surtió efecto. Inició una racha de victorias que impulsó a los Tigers a la cima de su división y al mejor récord de béisbol en una primera mitad de la temporada, y finalmente llevó al equipo a la Serie Mundial de 2006 contra los St. Louis Cardinals, los cuales ganaron la Serie en cinco partidos.

Leyland es un entrenador que cree que los equipos ganan cuando practican los fundamentos con solidez y mantienen la cabeza en el juego. «Cuando llegué aquí no toleraba que nadie jugara sin esforzarse —dijo Leyland—. Ahora los jugadores no tolerarían que nadie jugara sin esforzarse. Esa es la clave». Sí que lo es, es tarea del entrenador conseguir que los jugadores crean en sí mismos. A veces, como con los Tigers, requiere que el líder les indique la dirección correcta.

La fe en la capacidad del equipo es con frecuencia la ventaja de cualquier organización. Sin esa fe poco se puede hacer. Con ella el equipo es capaz de alcanzar sus objetivos. Tener confianza en el propio talento colaborativo y cooperativo es fundamental. El modo en que un directivo pone en marcha a su equipo implica una combinación de perspicacia, inteligencia y solo un poquito de suerte. Veamos algunas sugerencias.

Mira más allá de los objetivos de desempeño. Todos los equipos se enfocan en qué hay que hacer, y cuándo. Este enfoque es fundamental, pero hay otro componente que va con el «qué hay que hacer», y es el «cómo hay que hacerlo».

Ahí es donde se involucra el directivo. Los directivos pueden establecer expectativas sobre el comportamiento que dirijan el modo en que se comportan los empleados unos con otros. Al comunicar con claridad unas expectativas sobre la coordinación, la cooperación y la colaboración, los directivos marcan la pauta en el modo en que el equipo trabajará en conjunto. Eso previene comportamientos tales como hacer el vago cuando la carga de trabajo individual sea ligera; y reta a la gente a trabajar en conjunto.

Desarrolla al individuo. Los equipos son conjuntos de individuos con orígenes, perspectivas, habilidades y aspiraciones únicas. Es tarea del directivo acceder a los elementos que hacen del individuo un colaborador. Los directivos deberían encontrar maneras de conectar el trabajo con los puntos fuertes de la cantera de talentos; es decir, darle el trabajo en detalle a las personas que se muestren detallistas, y el trabajo conceptual a los que les guste pensar de forma original. No siempre es posible, de ningún modo, pero el conocimiento de los talentos y habilidades individuales es fundamental para la construcción del equipo.

Predica sobre el equipo. Los equipos son conjuntos de individuos que trabajan juntos, y es trabajar juntos lo que marca la diferencia. El directivo que ha establecido los estándares de comportamiento debe hacer hincapié en que se esté a la altura de los mismos. Por ejemplo, si un miembro del equipo no está haciendo su parte cuando hay que colaborar, hay que hacérselo ver; ese bajo rendimiento podría estar dañando al equipo. Si alguien no responde a la instrucción del directivo, entonces quizá habría que pedirle a esa persona que deje el equipo y ponerla en un puesto para que trabaje sola. No todos estamos hechos para estar en equipo, pero si nos alistamos tenemos que servir.

Sigue hablando abiertamente. Muchos proyectos tienen ciclos de vida largos. Esperar hasta el final para reconocer los logros podría ser contraproducente. Todos, especialmente los jugadores de equipo, necesitamos refuerzo. Necesitamos una crítica constructiva para saber lo que estamos haciendo bien, así como instrucciones sobre cómo podríamos mejorar. La comunicación entre el directivo y el equipo, así como entre los miembros del equipo, es vital para el buen funcionamiento de las cosas.

Los directivos pueden crear maneras en las que los equipos se comuniquen abiertamente. Primero, lo hacen con el ejemplo, tratando tanto con el equipo al completo como con los miembros a nivel individual. Segundo, lo hacen al insistir en que los miembros hablen entre ellos y compartan lecciones. Tercero, completan el ciclo organizando reuniones en las que los miembros tengan la libertad de hablar tanto de los problemas como de los logros. Una apertura así no sucederá así porque sí; requerirá muchos meses de trabajar juntos. Sin embargo, si el directivo da buen ejemplo en la comunicación, puede suceder.

Conocer tus límites

¿Hay algún límite en lo que puede lograr un equipo? Por supuesto. El secreto del éxito de los Tigers es el lanzamiento, un esfuerzo en solitario: un solo jugador que le lanza la pelota a otro. Necesitas la combinación adecuada de abridores (aquellos que pueden hacer seis entradas), relevistas (aquellos que pueden encargarse de un juego por una o tres entradas) y un buen cerrador (alguien que pueda cerrarle la puerta al otro equipo). Los grandes equipos siempre tienen grandes cerradores. Cuando Mariano Rivera estaba en lo mejor de su juego, los New York Yankees perdieron muy pocos partidos cuando iban por delante y sacaban a Rivera para cerrar el otro bando. Carecer de un buen cerrador, o de cualquier talento clave en un equipo, evitará que todo el equipo alcance sus objetivos. Entonces le toca a la dirección inyectar sangre nueva para que tenga la mezcla adecuada de talento y habilidad para alcanzar sus objetivos.

Cuando un equipo encaja, la experiencia es casi mágica. Hay un aire de invencibilidad, ya sea que juegue a béisbol o que establezca contactos de ventas. Saben lo que hacen, y cumplen. Ser parte de ese equipo es una experiencia especial que los compañeros recordarán durante años pero, una vez más, el líder tiene que mantener al equipo enfocado. Hay un pequeño paso de la confianza a la soberbia. La confianza es la creencia en la capacidad, respaldada por la organización y las habilidades, que crea dinastías. La soberbia es la creencia en que nada es imposible, tanto que te confías. Jim Leyland es un ejemplo de directivo que sabe cómo mantener a su equipo con la cabeza en su sitio. Cuando pierden, les señala que pueden hacerlo mejor, y cuando ganan hace lo mismo. A nivel individual, le hace saber a cada jugador cómo debe responder y actuar para hacerlo mejor. No por él, sino por el equipo. Así es como creas energía para el equipo y una razón para creer.[1]

«Las personas que hay que temer no son las que están en
desacuerdo contigo, sino las que están en desacuerdo contigo y
son demasiado cobardes como para decírtelo».

—NAPOLEÓN BONAPARTE

GESTIONAR EL DESACUERDO

*El liderazgo debe provocar puntos de vista alternativos. El modo en que
gestiones los puntos de vista divergentes es vital para el liderazgo.*

La discrepancia es una parte valiosa del proceso de liderazgo. Cuando la
discrepancia se gestiona bien permite que las distintas voces sean oídas
y evaluadas en interés de hacer lo que sea bueno para la organización.
Cuando la discrepancia se gestiona mal se convierte en un arma para que
los enemigos se destruyan el uno al otro y, de paso, hagan daño a su equipo
y a su organización. Los directivos pueden aprender a gestionar el desacuerdo de maneras que sean positivas para las personas y los equipos.

Considera el ejemplo de Richard Parsons en Time Warner. Como director ejecutivo, Parsons no toleraba el desacuerdo que iba demasiado lejos. Se le
atribuye el mérito de poner fin a las guerras de poder que aceleraban la caída
de las acciones y casi destruyen la empresa, entonces conocida como AOL Time
Warner. Según el *Wall Street Journal*, Parsons intervino en disputas que ame-
nazaban la compañía. Parsons resume su filosofía de gestión en: «No metamos
el camión en una cuneta». Parsons espera que sus ejecutivos se enfoquen en el
camino que tienen por delante y en hacer el trabajo que tengan entre manos sin
entrometerse en las operaciones de los demás.[2]

Al considerar la discrepancia es importante eliminar los sentimientos
del panorama. En *La quinta disciplina* Peter Senge describe lo que llama

«tensión creativa», identificando la brecha que hay entre el lugar donde estás y el lugar donde quieres ir. Senge cuida de distinguir la tensión como un término para el estiramiento (como el de una cinta elástica) en vez de como un término que provoque «ansiedad».[3] El desacuerdo puede surgir de la tensión creativa inducida por esa brecha, pero es importante evitar que las cosas se pongan emotivas (es decir, personales). Al separar el sentimiento de la discrepancia, una tarea que no es fácil en ningún caso, puedes mantener un intercambio racional en el que importen las *ideas*, no las personas que las expresen. Una comunicación fuerte y de doble vía puede facilitar el desacuerdo y canalizarlo en direcciones saludables. Estas son algunas sugerencias.

Dialoga. Prestado del aprendizaje organizativo, el diálogo es una expresión de ideas que se aportan. El moderador realiza una afirmación o plantea una pregunta. Las personas del grupo responden aportando pensamientos. El enfoque se mantiene en lo que se dice, no en quien lo dice. Otras personas aportan sus ideas. Cuando hay desacuerdo, el diálogo puede ser una poderosa herramienta para exponer ideas sin atribuírselas a personas. Lo que importa es la expresión personal, no la persona que se expresa.

Discute. Una discusión es una forma de conversación en la que la gente expresa ideas y opiniones, y se adhiere o se opone a ellas. Cuando hay desacuerdo, la gente plantea ideas y objetivos una y otra vez. Por ejemplo, si la discusión trata sobre los méritos de un nuevo sistema, la gente se sentirá en libertad de hablar tanto de sus beneficios como de sus inconvenientes. En las buenas discusiones interesan las opiniones respaldadas por los hechos o por la experiencia. No digas que no te gusta algo. Da las razones para ello (p. ej., el diseño es defectuoso, la ingeniería no es sólida o la interfaz está anticuada). El objetivo de una discusión no es pelearse, es exponer todas las caras del asunto.

Debate. Un debate es una argumentación punto por punto en la que el propósito es ganar o perder. Piensa en un programa de televisión sobre juicios. Los abogados de la defensa y de la acusación presentan sus casos de forma que sus argumentos respectivos parezcan mejores que los del otro. En la sala de reuniones, no en la sala del tribunal, puedes debatir las ideas pero minimizar la acrimonia. Te interesa ganar por mérito propio, no por hundir a los demás. Ten en mente que la victoria y la derrota se centran en los méritos de la idea, no en las personas que la presentan.

La otra cara del desacuerdo

La discrepancia es buena, sí, pero puede ser debilitadora. Aunque se mantenga en el nivel de las ideas y no de las personas, el desacuerdo puede dividir las organizaciones. Para evitar que pase esto, los líderes tienen que intervenir. Como nos enseñaron nuestros maestros en el parvulario, no todos podemos tener siempre lo que queremos. Así que algunos discrepantes tendrán que esperar su turno y dejar de lado sus ideas para que el equipo pueda avanzar.

Por ejemplo, las empresas automovilísticas fabrican unos cuantos automóviles prototipo para mostrarle al público consumidor de coches en lo que están trabajando. Algunos prototipos se convierten en modelos de venta al público, pero la mayoría no se volverán a ver. Los diseñadores cuyos diseños no son aprobados no pueden disentir durante mucho tiempo; tienen que canalizar su creatividad, así como las lecciones aprendidas del prototipo, en proyectos nuevos.

El desacuerdo a menudo se centra en las personas, claro. Por ejemplo, si alguien presenta una buena idea pero dudas de si esa persona tiene la capacidad para llevarla a cabo, es aceptable plantear preguntas. Sin embargo, enfócate en el concepto de ejecución en vez de en la personalidad. Por ejemplo, haz que la persona cuente su experiencia en trabajos anteriores y por qué cree que tiene la experiencia para llevar a cabo este nuevo proyecto. Si sabes que los resultados de proyectos previos no han sido del todo óptimos, puedes hacer preguntas sobre por qué el proyecto no tuvo éxito. Es perfectamente posible que no conozcas toda la historia y que las razones del fracaso estuvieran más allá del control de esa persona. La discrepancia respecto a las personas es arriesgada. Muchas veces es mejor tratar el asunto «de forma extraoficial», es decir, de directivo a empleado, en vez de en grupo.

Vital para la salud de la organización

La discrepancia es vital para la salud de la organización. Senge cita a su colega, Robert Fritz, cuando dice: «No es lo que dice una visión, es lo que hace».[4] En otras palabras, es importante tener una idea, pero tienes que atemperarla a la realidad así como matizarla con las ideas de los demás. Los empleados deben sentirse libres de expresar sus ideas sin miedo a las repercusiones. Necesitan la esperanza en que sus ideas caerán en oídos receptivos. El desacuerdo, facilitado por el diálogo, la discusión o el debate, puede ser la herramienta que abra las mentes y por tanto mejore la calidad de las ideas, así como la calidad de las personas que las ofrecen.

«La vocación de todo hombre y toda mujer es servir a otras personas».

—LEÓN TOLSTÓI

RECLUTAR A PERSONAS VÁLIDAS

∎

La organización es tan buena como lo son las personas que hay en ella. Requiere tiempo y esfuerzo contratar a las personas adecuadas que puedan hacer bien el trabajo.

No hace mucho tuve la oportunidad de hablar en un retiro para líderes de una empresa de consultoría. El nivel de energía era alto, y la pasión por marcar una diferencia positiva era palpable. Esta empresa, como muchas empresas de servicios profesionales, atrae a algunas de las personas más válidas y brillantes. Uno de sus retos, igual que el de otras empresas de consultoría, es retener a la gente brillante a la que atrae. Los horarios de consultoría pueden ser brutales, con muchos viajes en los que se pasa la noche fuera, normalmente de cuatro a cinco días a la semana. No es sorprendente que el reclutamiento sea un problema; hay un alto grado de agotamiento. Las empresas, claro, tienen sus maneras de lidiar con ello, pero lo que me chocó es el énfasis que ponen esas empresas de consultoría en desarrollar a su personal. Y por muchas críticas que hagamos a estas empresas (¿cuántos chistes de consultores has contado hoy?) van a la vanguardia en el reclutamiento de gente válida.

Los mejores y más brillantes

Asumámoslo: la consultoría es poder de la mente, ni más ni menos. Claro que la empresa de consultoría McKinsey tiene su «Método McKinsey» y

Booz Allen Hamilton sus metodologías (como tienen todas las buenas empresas), pero en el fondo estas empresas, como las de contabilidad, abogacía e informática, se apoyan en las capacidades individuales y en las inteligencias colectivas de sus afiliados y socios. Eso solo puede salir de la gente. Hoy en día las empresas de consultoría son buenos ejemplos de cómo contratar para conseguir diversidad. Estas empresas tienen buenas mezclas de género, cultura y trasfondo educativo. Las empresas de estrategia, por ejemplo, contratan a personas de diversas disciplinas. No todos tienen un máster en gestión empresarial; algunos son físicos, médicos y psicólogos. ¿Por qué? Porque las necesidades del cliente van mucho más allá de los balances contables. Los clientes quieren opiniones sobre tendencias de mercados específicos a nivel global, así que los directivos necesitan pensadores clarividentes con formación en distintas disciplinas para que disciernan las tendencias y encuentren nuevas oportunidades. ¿Qué lecciones podemos aprender que sean aplicables a nuestros negocios?

Observa el lenguaje corporal. Independientemente de las características del puesto que intentes cubrir, es importante atraer a personas que transmitan energía y entusiasmo con su presencia. Esto implica que tengan una buena autoestima y que proyecten confianza, la cual transmiten con un firme apretón de manos, una buena sonrisa y un sentido de resolución que es tangible.

Contrata a gente diferente. Es humano querer contratar a personas similares. Con mucha frecuencia oímos decir a directivos que quieren contratar a personas que les gusten. Eso está bien en apariencia, pero a menudo se convierte en una excusa para crear una cultura conservadora. Te conviene esforzarte en contratar algunas personas que sean diferentes a ti en cultura, experiencia y capacidades. De otro modo, solo estarías fabricando clones, réplicas de ti mismo que simplemente te emulan. Eso no quiere decir que tengas que contratar a alguien problemático. Las habilidades de la gente válida son fundamentales.

Considera las preguntas. Busca personas que hagan buenas preguntas. Un signo de inteligencia es la capacidad de hacer preguntas, sobre todo preguntas que provoquen la discusión. Necesitas personas que entablen diálogo contigo, así que dales el control de la conversación y déjales que hagan preguntas.

Puedes averiguar mucho de las personas por la calidad de las preguntas que hacen. Por ejemplo, te interesan los candidatos que hagan preguntas de contexto general sobre cómo está manejando tu empresa desafíos concretos de mercado, así como preguntas sobre cómo cultiva y desarrolla la compañía a sus empleados. Las buenas preguntas indican una mente inquisitiva, una que no se tomará en serio cualquier respuesta. Esa clase de análisis es algo valioso para tenerlo en tu equipo.

Muestra orgullo por lo que haces. Cuando mi hijo, un hábil estudiante en una escuela de negocios, pasó por el proceso de reclutamiento, buscaba una empresa cuya cultura reflejara sus propios deseos y necesidades. También me comentó después de una entrevista que no le interesaba trabajar en ninguna empresa cuyos entrevistadores no estuvieran dispuestos o fueran incapaces de hablar con conocimiento de su propia empresa. Para mi hijo, eso era un signo de que a los reclutadores o bien no les enorgullecía o no les importaba su empresa.

Busca líderes. No, esto no es fácil. Aparte de leer un currículo y buscar responsabilidades de liderazgo, no se puede discernir a los líderes con facilidad. Las entrevistas con referencias sacarán a la luz cualidades de liderazgo pero, una vez más, la presencia personal es un buen indicador. ¿Irradia el candidato tanto confianza como energía y empuje? Esas cualidades son fundamentales. Plantear preguntas con dilemas de gestión es otra forma de descubrir la aptitud para el liderazgo. Por ejemplo, pregunta cómo daría el candidato una mala noticia o cómo trataría con subordinados directos que se estuvieran peleando. No buscas necesariamente una respuesta de libro, sino una respuesta que refleje integridad, honestidad y valores. Es más, si el candidato fue sincero y dijo que no estaba seguro pero mostró disposición a aprender de ti, eso también está bien. Lo que importa es el compromiso a aprender.

Conservar a los buenos

El reclutamiento no es suficiente; tienes que retener a tu gente. Una de las razones es el coste. Dependiendo del nivel de gestión, puede costar entre cien mil y doscientos mil dólares reclutar y formar a un empleado nuevo. En algunos casos cuesta mucho más que eso. Por esa cantidad de dinero sería mucho más sabio cultivar los talentos que tienes. Otra vez, las empresas de consultoría son buenos modelos de esto.

Todas las propuestas de acción dadas aquí se aplican al reclutamiento interno, con una ventaja: tienes la capacidad de observar al candidato al puesto en su contexto. Las personas son ascendidas por lo bien que hayan aplicado sus habilidades en ayudar a la empresa a cumplir los encargos de sus clientes. Además, los asociados con buenas habilidades sociales (es decir, buenas habilidades interpersonales) ascienden puestos y, de paso, emprenden proyectos aún más desafiantes y finalmente dirigen a sus colegas en esos proyectos.

Por lo tanto, el reclutamiento tiene algo de juego futurista. Te conviene contratar a personas que puedan crecer en la empresa, así como a las que puedan mostrar flexibilidad y buenas habilidades interpersonales. No todo esto es evidente en las entrevistas de selección y contratación, pero los directivos inteligentes que contratan pueden aprender a leer entre líneas en los currículos y ver el potencial en la manera en que los nuevos contratados se presentan, analizan situaciones laborales e interaccionan con los compañeros. El reclutamiento puede ser un reto a veces, claro, pero en última instancia es un empeño en invitar al equipo a personas nuevas que puedan marcar una diferencia positiva, no solo con sus habilidades, sino también con su capacidad para hacer avanzar a la organización. Algo que llamamos liderazgo.

«Cuando habla el corazón, la mente ve indecente objetar».
—MILAN KUNDERA, NOVELISTA

LO QUE NECESITAS ES AMOR

■

Los líderes necesitan alma, esa habilidad para conectar a nivel personal con su gente. Las personas necesitan sentir que sus líderes se preocupan por ellos como personas además de como colaboradores. Llámalo amor.

Era nuestra tercera reunión telefónica planificada; las dos primeras hubo que posponerlas. Cuando nos conectábamos, el hombre me preguntaba educadamente si podía dejarme en espera mientras terminaba algo. Yo accedía de buena gana; después de todo, yo soy el consultor y él es la cabeza de una división bastante grande. Como era finales de diciembre, yo sabía que el ejecutivo tenía un montón de cosas que terminar antes del final del año. Cuando volvió al teléfono lo primero que preguntó fue: «¿Cómo te van las cosas?» Solo nos habíamos visto una vez antes de eso, pero esa pregunta dice mucho de su estilo de liderazgo. Este es un ejecutivo que se preocupa por las personas que trabajan con él. Fue un breve momento de gentileza por su parte que decía que la gente importa. Llámalo un matiz de gentileza del liderazgo, algo muy pequeño pero con bastante significado como para que sea vital para crear un vínculo entre líder y seguidor.

Conectar a nivel humano

Cuando lees sobre las vidas de los grandes líderes te encuentras con esos matices de gentileza una y otra vez; son momentos de humanidad que cristalizan las relaciones personales que dichos líderes tienen con su gente. Un buen ejemplo es el general Matthew Ridgeway, que reunió al desmoralizado octavo ejército durante la guerra de Corea y dirigió una brillante contraofensiva sobre las tropas invasoras norcoreanas y chinas. Compartiendo las dificultades y el frío glacial, Ridgway dirigió desde el frente y se ganó el respeto de sus tropas.[5]

La gestión hoy en día es un tira y afloja. A los directivos constantemente se les empuja desde arriba y se tira de ellos desde abajo. En medio, ellos intentan darle sentido a todo mientras se esfuerzan para que las cosas se hagan en periodos de tiempo más cortos, con menos recursos y con menos personal. La presión del tiempo amenaza con aplastar la cortesía dentro de un equipo o departamento. Los directivos solo quieren que las cosas se hagan y, en el proceso, pasan por alto el verdadero medio para cumplir con la fecha límite: sus empleados. Al dedicar tiempo para conectar personalmente, podrían hacer que las tareas fueran menos imponentes y seguramente más agradables. Veamos cómo conseguirlo.

Practica la cortesía. ¿Qué se les transmite a los miembros de una organización cuando ven al jefe de una división sujetarle la puerta a un empleado u ofrecerse para llevar una caja o carpeta si el empleado tiene las manos ocupadas? ¡Mucho! Aunque el acto físico en sí sea intrascendente (después de todo, ¿cuánta energía se gasta sujetando la puerta abierta?), la conexión psicológica puede ser duradera. Encarna el retrato del jefe como ser humano que está en sintonía con las necesidades de los demás. Además, los directivos que realizan actos de cortesía no solo son educados, también dan un ejemplo que dice mucho de la necesidad de tratar a la gente con respeto.

Socializa con la gente. Héctor Ruiz, el director ejecutivo de Advanced Micro Devices, es plenamente consciente de las responsabilidades personales que conlleva su rol de liderazgo. En una reseña sobre él en la revista *Fortune* de 2004, Ruiz reveló que estaba planeando asistir a un *quinceañero*, una fiesta que se iba a celebrar para la hija de quince años de uno de los empleados asalariados de AMD. Aunque muchos directores ejecutivos dejarían pasar una ocasión así, Ruiz sabe que su presencia comunicaba no solo su interés personal, sino también el espíritu comunitario que quería fomentar en AMD.[6]

Rudy Giuliani, como alcalde de Nueva York, se propuso asistir siempre a los funerales de los trabajadores del ayuntamiento, especialmente de policías y bomberos que hubieran muerto en acto de servicio. El rol de un líder exige la participación en cierta medida en las vidas de su gente. Por eso es tan importante que los directivos asistan a los banquetes de premios al servicio, así como a las fiestas de jubilación de sus empleados. Tales actos demuestran que las personas sí importan, incluso cuando están abandonando la organización.

Juega. El almirante Bertram Ramsay era un oficial modelo de la Marina: competente, correcto y capaz. Marinero de toda la vida, fue el comandante en la evacuación de las fuerzas británicas de Dunkirk y cuatro años más tarde, con más gloria, fue el comandante de marina responsable de llevar las tropas desde Inglaterra hasta Francia antes, durante y después del día D. Una de las razones por las que era tan respetado, como nos cuenta el historiador David Stafford en *El desembarco de Normandía*, era que a pesar de su rigurosidad era muy considerado con la gente junto a la que servía, e incluso sacaba tiempo para jugar al *cricket* con sus compañeros oficiales.[7] Los directivos podrían emular el ejemplo de Ramsay cuando se apuntan a una liga de golf o de bolos, o participan en excursiones a eventos deportivos. *Un consejo*: esa participación puede ampliarse a eventos no deportivos incluyendo eventos artísticos y comunitarios.

Ofrecer un toque humano

Por mucho que se necesite una mayor humanidad en el lugar de trabajo, la realidad del trabajo dicta que los jefes y los empleados quizá no siempre sean amigos. De hecho, esas amistades podrían ser dañinas para la organización porque pueden impedir que o bien el directivo o bien el empleado tomen decisiones difíciles respecto a la asignación de tareas, la retribución y el posible ascenso, por no mencionar los despidos en caso de crisis económica. Es más, una actitud de compadreo podría facilitar que ya el jefe, ya el empleado, fueran blandos el uno con el otro, una situación que puede poner en peligro la productividad.

Amistad aparte, la humanidad debe y tendría que prevalecer siempre. Como lo expresó el filósofo y rabí Abraham Joshua Heschel: «Cuando era joven admiraba a la gente inteligente. Al hacerme viejo empecé a admirar a la gente amable». Los directivos que son corteses y considerados no son blandos, son directivos con corazón. Probablemente se habrán ganado el respeto de sus empleados y conseguirán más resultados que los directivos que son bruscos, agresivos e insensibles. Cuando nos gusta alguien hacemos más cosas por ellos, ¡tan simple como eso!

Los momentos de gentileza muestran la verdadera personalidad del líder. Comunican el vínculo común de humanidad que une a unas personas con otras, sin importar el título, el rango o la profesión. Dedica tiempo a reconocer que la humanidad tiene el potencial para hacer una conexión tan sincera que unirá al seguidor con el líder durante una hora, un día o, a veces, una carrera. Ese vínculo alimentado por la conexión personal puede producir grandes resultados para los líderes y sus empleados. Un acto simple, sí, pero tiene efectos de largo alcance.

Durante los días oscuros de la Segunda Guerra Mundial, así como a lo largo de su mandato en la Casa Blanca, una de las cosas que más le gustaba hacer a Franklin Roosevelt eran los cócteles para sus invitados. Como nos cuenta Jon Meacham en *Franklin and Winston*, una biografía sobre la amistad entre Roosevelt y Churchill, Roosevelt entraba rodando en la sala llena de invitados y rápidamente se ponía manos a la obra a preparar combinados de bebidas. Era un tiempo para la frivolidad en medio de la gravedad, pero para Roosevelt era el único momento del día en el que era físicamente capaz de servir a los demás. La polio lo dejó confinado en una silla de ruedas.[8] Su gentil hospitalidad era evidente en su sonrisa y su humor, ambos calculados para hacer que los demás se sintieran cómodos. El sencillo acto de preparar combinados de bebidas era la manera de Roosevelt de conectar con la gente a nivel personal, aparte de las lamentables preocupaciones de estado.

El poder de la ayuda

«¿Puedo ayudarte?» quizá sea una de las combinaciones de palabras más poderosas del lenguaje, pero hoy en día nos parecen tan manidas que han perdido parte de su impacto. Es una pena, porque la disposición a servir a otros descansa en el mismo corazón del liderazgo. Pertenezco a una red de consultores que le pide a sus miembros que se pregunten unos a otros qué puede hacer cada uno por los demás. Las hermandades practican el mismo principio. A alguien de fuera la práctica le puede parecer trivial pero, si estás en el lado receptor de la pregunta, esta podría derivar en una presentación profesional, una opinión nueva sobre un problema desconcertante o una puerta abierta a una nueva línea de negocio.

Los directivos también pueden aprovechar este mantra. Ya que vivimos en una era en la que la gestión trata más de capacitar a otros que de administrar los detalles, los directivos que le preguntan a su personal cómo pueden ayudarlo no están siendo entrometidos, están siendo listos. Cuando añades un toque de gentileza, es decir, de cortesía y respeto genuinos, no solo le abres la mente a tu gente, le abres el espíritu. Eso puede derivar en unos potentes resultados. He aquí lo que puedes hacer para fomentarlo.

Establece unas expectativas de implicación. Cuando los directivos ponen expectativas sobre su personal, tanto individuales como para el equipo, deberían definir su propio rol. Deberían hacer explícito que esperan ser un recurso. Lo que conlleva ser un recurso variará de un equipo a otro. Para un equipo comercial ser un recurso de gestión podría significar hacer de enlace con la alta dirección para asegurar que haya suficiente financiación para el lanzamiento de un producto. Para un equipo de ingeniería podría significar un par de manos extra, es decir, alguien que pueda ayudar con la gestión del proyecto o hacer lo que haya que hacer para optimizar el flujo de trabajo. Cuando dejas claras las expectativas la gente sabe que estás disponible.

Conoce tus límites. Estar disponible no significa merodear. Los directivos que se entrometen le roban el oxígeno al proyecto de forma que la gente no puede funcionar. A ninguno nos gusta vigilar nuestras espaldas, pero si tenemos un encargado que está siempre pegado a ellas nos sentimos compelidos a comprobar las cosas por segunda vez. Eso es tanto una pérdida de tiempo como un inhibidor de la iniciativa y la creatividad. Una vigilancia así no solo daña la productividad, también entorpece el crecimiento personal de los empleados y directivos. Cuando ocurre esto la ayuda se vuelve entrometida, y toda sensación de gentileza se pierde por el camino.

Exige el buen ejemplo. Las organizaciones que presumen de su servicio al cliente demuestran que la amabilidad es contagiosa. Nordstrom fue pionera de una atención al cliente excepcional en la venta al por menor. Ritz-Carlton demostró lo que significa la hospitalidad y Southwest Airlines mostró que la cortesía puede existir a diez mil metros de altura. Marriott, empresa matriz de Ritz-Carlton, también practica lo que predica a nivel interno con sus propios empleados. Desde la formación hasta el desarrollo de la carrera, Marriott trabaja para asegurar que toda su gente tiene lo que necesita para hacer su trabajo, así como oportunidades de una mejor remuneración y de ascenso, no solo para los directivos sino también para todo el personal de servicio.

Hazlo con una sonrisa. Como los niños, los empleados saben cuándo tus acciones no son sinceras. Cuando ofrezcas ayuda, actúa de forma coherente. Ser gentil es una forma de conectar con tu personal a nivel humano. Es más, el sentido común te dirá que los directivos que demuestran ser sinceros consiguen más a cambio. Consiguen un compromiso genuino en vez de una conformidad formal. Todos queremos trabajar para personas a quienes les importemos; queremos reconocimiento por nuestro trabajo, no solo después de haberlo hecho, sino antes de empezar también. Si sabemos que nuestro encargado cuenta con nosotros, rendiremos. E incluso haremos más de lo que se nos pide.

Mantenerse firme

La gentileza no es lo mismo que ser blando. Pocos acusarían a Franklin D. Roosevelt de falta de determinación o de eludir los retos; enfrentó a dictadores asesinos igual que dominó sus propios achaques físicos. Roosevelt, como otros muchos que han superado la adversidad, es una encarnación del adagio que dice que lo que no te mata te hace más fuerte. En todo ese tiempo jamás perdió su disposición a hacer cosas por los demás. Como nos cuenta el biógrafo de Roosevelt Geoffrey C. Ward, cuando esta actitud fue más evidente fue en Warm Springs, el centro para víctimas de la polio que compró en los años veinte y que dirigió activamente durante un tiempo, tanto que daba clases de gimnasia, impartía fisioterapia y, por supuesto, servía como faro de optimismo para los que sufrían como él.[9]

Por supuesto, los empleados tienen que hacer su parte también. Muchos directivos sienten que si muestran cortesía en el lugar de trabajo enviarán el mensaje equivocado. Creen que se aprovecharán de ellos, así que ponen un semblante duro. Ese comportamiento con frecuencia es aprendido; sus jefes se lo hicieron a ellos, así que sienten que deben devolverlo. Bueno, ese comportamiento se puede desaprender también. Hay un proverbio judío que dice: «No abras una tienda si no sabes sonreír». Si demuestras un sentido de gentileza respecto a lo que significa ser un directivo puedes promover una nueva perspectiva sobre las relaciones entre directivo y empleado.

Los directivos que se molestan por su gente son con frecuencia los que logran resultados. Al demostrar la disposición a ayudar facilitan el flujo de trabajo. Ofrecen ánimo y conocimientos, y a largo plazo les facilitan las cosas a su personal y, muchas veces, a sí mismos. Al capacitar a otros para que hagan el trabajo se liberan a sí mismos para enfocarse en lo que viene después. Puede que incluso encuentren tiempo para pensar en cómo hacer las cosas mejor en menos pasos, algo que ahorra no solo mano de obra, sino también tiempo y gasto. Y cuando eso pase le estarán devolviendo todo su poder a esas dos palabras: «¿Puedo ayudarte?»[10]

«Los jugadores juegan. Los entrenadores entrenan... Si eres
entrenador concéntrate en sacar lo mejor de los demás».
—PAT SUMMITT

BÁJATE DEL PEDESTAL

*Pensar con antelación quizá sea la mejor clase de pensamiento que hay.
La preparación puede colocar a las personas en el lugar adecuado para
extinguir los problemas antes de que exploten.*

El proyecto se detiene poco a poco. El equipo se siente cada vez más incómodo según van llegando las llamadas de la oficina central para pedir noticias sobre la situación. Se le está filtrando a los clientes la información de que hay un retraso. Corre el rumor de que los clientes están considerando otras opciones, incluyendo hacer negocio con otros vendedores. La gente está buscando respuestas, pero ninguna parece estar a la vista. Entonces, como en los primeros dramas del Renacimiento, una figura de lo alto, en este caso un vicepresidente que viene volando, toma el mando. A la manera del *deus ex machina* (el personaje divino que baja al escenario), grita órdenes, destruye los obstáculos y pone el proyecto de nuevo en camino, para aclamación de la oficina central y satisfacción de los clientes. Una vez más el vicepresidente ha sacado las castañas del fuego. Es nuestro heroico directivo. Los únicos que no aplauden son los empleados rasos. Los que están fuera de la organización no llegan a darse cuenta de las dificultades que impone este modelo heroico. Ellos son a quienes se les ha arrebatado la autoridad; han perdido prestigio ante sus clientes. El vicepresidente los ha hecho parecer insignificantes al representar el papel de héroe.

Demasiada acción

Aunque hay mucho en los modelos de liderazgo contemporáneos que ensalza al líder como héroe, ese modelo tiene una pega. La razón por la que nuestro vicepresidente pudo triunfar fue que le quitó la autoridad a los demás y forzó su entrada en el proyecto. Seguramente el equipo sobre el terreno tenía los recursos; solo les faltaba la dirección que debía de venir de sus superiores. Los que estaban por encima no ofrecieron esa guía hasta que lo único que pudo salvar el proyecto fue una intervención. Y probablemente el vicepresidente disfruta de su papel de héroe; le encanta apagar fuegos y disfruta estando en el candelero.

El heroísmo es una parte integral del liderazgo y es sabio honrar eso, pero el heroísmo en la gestión es mala gestión. Significa que el sistema ha fallado, por lo que hay que tomar medidas extraordinarias para que se haga algo. Muy pronto los empleados se vuelven totalmente dependientes de dichas intervenciones de lo alto y pierden la capacidad de pensar y actuar por su cuenta. La organización los ha convertido en niños. Ese es el destino de muchos en las organizaciones grandes. Entonces, ¿qué se puede hacer? Veamos algunas sugerencias tanto para los directivos como para los empleados.

Valora el pensamiento. La acción es esencial para la gestión. Sin embargo, siempre es sabio pensar antes lo que vas a hacer. Sí, eso es obvio, pero, ¿cuántos proyectos has visto o en cuantos has participado que se han puesto en marcha sin reflexión previa? Eso ocurre a menudo cuando los directivos responden ante amenazas competitivas: por ejemplo, ante la introducción de un nuevo producto o servicio por parte de un competidor. El director ejecutivo le dice al equipo directivo que se ponga las pilas y ellos lo hacen, montando un equipo precipitadamente para que desarrolle algo, lo que sea.

Eso es una pérdida de tiempo, energía y recursos, por no mencionar el dinero. Es mejor adquirir un enfoque reflexivo, uno que pase por el análisis DAFO (debilidades, amenazas, fortalezas y oportunidades) en busca de oportunidades en vez de respuestas por puro reflejo.

Delega la resolución de problemas. Como la comunicación, la resolución de problemas es responsabilidad de todos. Con demasiada frecuencia, no obstante, el pensamiento efectivo (o lo que pasa por el mismo) se da en los niveles más altos de una organización. Se supone que todos son ejecutores. Esa mentalidad está pasada de moda. Uno de los principios del pensamiento *lean* (p. ej., distribuir valor a través de mejoras continuas y aprendizaje renovable) es que cualquiera en una organización puede solucionar problemas.

Los planes mejor ideados con frecuencia encuentran problemas durante la ejecución. En vez de esperar una intervención, la gente que está sobre el terreno puede identificar el problema y realizar el arreglo o pedir asistencia especializada. La resolución de problemas en tiempo real tiene otra ventaja. Les da a tus empleados una responsabilidad que los vincula más tanto al trabajo como al resultado. Y cuando unes a esa vinculación un sistema de incentivos, construyes una cultura de alto rendimiento.

Suelta las riendas. Pensar con antelación y delegar es fundamental, pero, ¿qué haces con los directivos que se niegan a sujetarse a esos términos? Es simple. Habla con ellos de forma extraoficial. Esos son los directivos a los que les gusta el arte de apagar fuegos, tanto que crean conflagraciones para poder correr al rescate y salvar el proyecto. La capacidad de actuar con rapidez es fundamental, claro, pero cuando los mismos directivos lo hacen una y otra vez tienes que preguntarte por qué. ¿Están gestionando mal el proceso de forma deliberada, o sencillamente no saben hacerlo mejor? En cualquier caso, hay que ponerlos en puestos para los que sus talentos sean más adecuados, en los que solucionen problemas pero no dirijan a otros.

Gestionar personas, no incendios

Hay un momento para la intervención heroica. A veces necesitas un director ejecutivo que caiga en paracaídas sobre la organización para detener las pérdidas. Una acción rápida exigirá la reducción de líneas de producto, recortes de personal, una reducción de costes de mano de obra y el cierre de instalaciones. Algunas veces la bancarrota es una opción para así colocar a la empresa sobre un terreno financiero firme. Pero estas acciones son solo provisionales.

La gestión heroica es un arreglo a corto plazo. Si dura más tiempo mina los mismísimos fundamentos de la gestión: administrar los sistemas, desempeñar con disciplina y dirigir a las personas. Los directivos fallan a la hora de proveer a sus empleados de los recursos adecuados para que tengan éxito, y no delegan en ellos la autoridad y la responsabilidad, así que ellos se vuelven demasiado dependientes de recibir órdenes en vez de actuar. Competir en la economía global requiere una toma de decisiones descentralizada tanto para *responder* ante las condiciones cambiantes como para anticiparlas. El personal que está sobre el terreno necesita tener los medios para actuar con rapidez y prontitud. Ellos son los que hacen que las empresas funcionen y, por lo tanto, en un sentido muy real, deberían ser nuestros verdaderos héroes. Es el momento de darles la autoridad para actuar.

«Lo más importante es la pose. El modo en que un hombre maneja una situación es mucho más importante que la situación en sí. Tener una pose en todas las cosas y en todo momento. Muy pocos hombres la tienen».

—ALFRED LORD NORTHCLIFFE, MAGNATE DE UN PERIÓDICO BRITÁNICO

GRACIA: HAZ QUE PAREZCA NATURAL

Llámalo brío, afabilidad o simple confianza; todas estas palabras describen un solo atributo: la gracia. Los líderes deben ejercer la gracia en los buenos tiempos y sobre todo en los malos. Un líder con gracia tiene un efecto tranquilizante.

En los días más oscuros de la Guerra Fría, un virulento fervor anticomunista se extendió por la nación. El senador de Wisconsin, Joseph McCarthy, avivó las llamas de esa oscura pasión como un chamán al recorrer todo el país criticando y despotricando sobre la influencia del comunismo en el gobierno.

Uno de sus blancos era probablemente uno de los mayores patriotas de Estados Unidos, un hombre que se había dedicado a su país durante medio siglo, primero al ejército y luego a su presidente, Harry Truman. Era George C. Marshall. El senador McCarthy apuntó bien e hizo toda clase de alegaciones difamatorias sobre que el ex general era rojo o, al menos, blando con el comunismo. Marshall, el hombre que había estado al mando y había reemplazado a egos de la talla del general Douglas MacArthur, no respondió al ataque al creer que no era digno de él, en su calidad de siervo y patriota, darle más protagonismo a McCarthy. Lo que ejemplificó Marshall fue un rasgo que se ve poco hoy en día, pero que necesitamos mucho: la gracia.

Energía espiritual

Los teólogos definen *gracia* como una forma de energía espiritual; algunos la atribuyen a las buenas obras, otros, a un poder superior. Es una fuerza vital de la existencia que tiene el poder de calmar, de sanar y de despertar, incluso de vigorizar. En la música la nota de gracia es un añadido, pero no uno que se note directamente. Solo se nota si no se toca. Lo mismo pasa con la gracia en el liderazgo. Puede que no la notes directamente, pero si falta lo notarás. Por ejemplo, la gracia en el liderazgo se manifiesta en la conexión entre el líder y el seguidor, ya sea a nivel individual o en grupo. Es un reflejo del auténtico yo, pero también es algo más: es un reflejo de la humanidad. Los seguidores creen que su líder realmente tiene en cuenta lo que es mejor para ellos.

Un hombre que ilustraba este rasgo muy bien era Skip LeFauvre, presidente de Saturn desde poco después de sus orígenes hasta bien pasada su fase de lanzamiento. Afable y entendido, LeFauvre era un ingeniero que entendió mejor que nadie que los sistemas son tan buenos como la gente que los diseña y opera con ellos. Hoy día eso puede parecer un tópico, pero en la época en la que LeFauvre trabajaba la, disensión entre la mano de obra y la dirección en General Motors estaba exactamente igual de caldeada que la misma Guerra Fría. Skip tenía la capacidad de conectar con sus superiores, que confiaban en él, y conectaba con sus trabajadores asalariados porque también confiaban en él. Ambas partes sabían que Skip era auténtico y se podría decir, por supuesto, que poseía sentido de la gracia. Aunque la gracia difícilmente es algo que se pueda enseñar, es muy anhelada y se puede comunicar. Las siguientes son algunas sugerencias para mostrar y cultivar la gracia en el lugar de trabajo.

Irradia tranquilidad. Nada difumina la tensión como una dosis de calma. Los entrenadores experimentados les hablan con suavidad a sus animales; son gentiles tanto en la voz como en el tacto. La tradición budista ilustra la calma en la unidad que existe entre todas las formas de vida. Puede parecer trillado decirlo, pero los monjes budistas proyectan una calma que es envolvente. Los directivos no son monjes, desde luego, pero si aprenden a respirar hondo antes de hablar, sobre todo en momentos de estrés, harán mucho por conseguir que la gente se sienta cómoda. Sonríe también. No hay nada como una sonrisa radiante para proyectar tanto confianza como armonía.

Saca tiempo para ti mismo. No puedes estar tranquilo si tienes nudos en el estómago. Los que practican yoga utilizan técnicas de respiración como medio para conectar con su ser interior. Lo mismo pasa con los directivos. Saca tiempo para reflexionar en lo que está pasando y lo que puedes hacer para mejorar las cosas o dejarlas como están.[11] Piensa y reflexiona. John C. Maxwell, escritor y orador sobre liderazgo, exhorta a la gente a crear un lugar para pensar, una silla o un rincón favorito, donde puedan estar solos y recopilar sus pensamientos. Esta práctica es vital para aquellos que están atrapados en el ajetreo de la hipervelocidad del mundo las veinticuatro horas del día.[12]

Insiste en que las personas busquen tiempo para sí mismas. Lo que es bueno para ti también lo es para tu equipo. Predícale sobre la reflexión; enséñales cómo reflexionar. Hay muchos libros buenos sobre el tema; escoge uno y compártelo.[13] Crea lecciones en torno a lo que reflexiones. El aprendizaje organizativo usa la reflexión como un principio clave; pregúntale a la gente lo que sabe acerca de lo que pasa o deja de pasar. ¿Qué ideas tienen para mejorar o mantener las cosas como están? Entablar conversación con el grupo también es una forma de reflexión; dicho diálogo aumenta la participación y la apropiación. Es más, hace que la gente conecte más tanto con el equipo como con su líder. ¿Por qué? Porque el propósito del trabajo se hace más evidente.

Mezcla la relatividad con la responsabilidad. La reflexión es vital, pero también lo es el rendir cuentas. Pero cuando se den errores, no te derrumbes. Pocas cosas son tan malas como parecen, ni tampoco tan buenas. Ahí es donde la relatividad, en su vertiente budista, no la de Einstein, es útil. Pon el error en contexto. ¿Por qué ha pasado? ¿Es el fallo de un sistema, de un proceso o es un simple error humano? Descubrir el porqué te guiará a una solución. Esta metodología no elude la responsabilidad. La refuerza, porque permite que la gente investigue en busca de fallos no señalando con el dedo, sino más bien aislando causas y efectos. Si las personas cometen errores pueden aprender de ellos. Si no, entonces la responsabilidad exige que se les retire la autoridad. Es relativo, claro.

No solo por gracia

Puede que los escépticos digan que con tanto trabajo por hacer, tanta voluntad y fortaleza que ejercer, ¿quién tiene tiempo para la gracia? La respuesta honesta es que pocos lo tenemos, pero los líderes que ejemplifican la gracia son los que destacan. Nunca en mi vida he visto un líder de empresa tan venerado por su personal como lo era Skip LeFauvre por los hombres y mujeres de Saturn. Lo mismo pasa con George C. Marshall; era respetado por presidentes y reyes, pero sobre todo por la generación de líderes que educó.

Así que, como en muchas otras cosas, puedes invertir la pregunta y decir: ¿cómo puedes tú existir sin la gracia? Martín Lutero, que impulsó una revolución en el cristianismo, estaba de acuerdo. Lo que hace la gracia es darles a los líderes que la practican un impulso añadido que va más allá de sí mismos y trabaja en el alma de una organización. Los empleados empiezan a tomarse los desafíos con calma al creer que pueden superarlos. Aún mejor, empiezan a enseñarles a otros cómo hacer lo mismo. Surge de una creencia en sí mismos, sí, pero una creencia que está entrelazada con la fe en el líder. En otras palabras, la gracia engendra gracia, y el panorama administrativo se vuelve de repente un lugar más suave y agradable. Se alcanzan los resultados, pero se consiguen de maneras que enriquecen no solo el balance de cuentas sino también el espíritu de la gente que contribuye. Digno de contemplar, ¡ya lo creo!

«El reconocimiento tanto de tus limitaciones como de tu
potencial aumenta la humildad».

—Sheila Murray Bethel

HUMILDAD: SAL DEL CANDELERO

*Si el liderazgo trata de poner a los demás en posiciones
en las que puedan triunfar, entonces tiene sentido dar
reconocimiento a los que realicen logros. La humildad
es una virtud de liderazgo que reconoce las limitaciones
personales y alaba los logros de los demás.*

Derrumbamiento. Esa palabra se usó para describir lo que le pasó a la
aerolínea JetBlue a mediados de febrero de 2007, cuando una tormenta
de nieve provocó la cancelación de la mitad de los vuelos programados y
dejó abandonado en la pista un avión de JetBlue lleno de pasajeros durante
ocho horas. El estatus de icono de JetBlue como aerolínea con una buena
atención al cliente se había derrumbado de verdad. El fundador y director
ejecutivo, Jeff Neeleman, admitió que estaba «humillado y mortificado»
ante la aparente incapacidad de su aerolínea para servir a sus clientes.[14]

En cuanto JetBlue volvió a operar casi con normalidad, Neeleman salió
al escenario público y se disculpó por los defectos de su aerolínea. Admitió
su responsabilidad personal por lo que había ocurrido y les ofreció una
indemnización a los pasajeros a quienes se les habían causado las moles-
tias. JetBlue incluso redactó una declaración de derechos del consumidor
que garantizara una indemnización para futuras incidencias así. Y, más
importante aún, esta declaración le dejó claro a la aerolínea que el servicio
al cliente era el trabajo principal.[15]

La humildad es humanidad

La humildad quizá sea uno de los atributos más ignorados en el liderazgo, pero quizá también uno de los más importantes que puede poseer un líder. La humildad es un lazo entre el líder y el seguidor que subraya un elemento común: nuestra humanidad. La humildad no se enseña en los cursos sobre gestión, ni en muchos de los cursos sobre liderazgo, en realidad. ¿Podrías decir por qué? Las organizaciones quieren que sus líderes sean visionarios, autoritarios, capaces y motivadores. En ningún sitio se dice nada de ser «humilde». Aun así, la mayoría de los líderes de éxito entienden que un sentido de la humildad es fundamental para ganarse los corazones y las mentes.

La humildad es un enfoque de la vida que dice: «No tengo todas las respuestas y quiero tu contribución». Para algunas personas eso no es problema. A la gente que está en la cima eso le puede parecer lo mismo que decir «Estoy desnudo». Bueno, casi. La humildad es una forma de desnudez, pero no una forma de exhibicionismo. En vez de eso, es una demostración tanto de aceptación como de determinación. La humildad es la aceptación de las limitaciones individuales (no lo puedo hacer solo) unida a la determinación a hacer algo al respecto (conseguiré la ayuda de otros). Esa es la esencia del liderazgo. La humildad en el liderazgo es algo que hay que comunicar. Veamos cómo hacerlo.

Invita la crítica constructiva. Uno de los principios operativos del *coaching* es hacer crítica constructiva. Los directivos tienen que cambiar las tornas e invitar a sus empleados a que les hagan críticas también. Pero antes de poder hacerlo deben preparar el terreno. Pedirle una valoración a un subordinado sin la preparación adecuada es como amenazarles con un cuchillo. Claro que te dirán lo que quieres oír. No, los líderes tienen que hacer que sea seguro para su gente tanto hacer críticas como dar consejos. Cuando se hace bien, genera confianza.

Fomenta la discrepancia. Una parte de la crítica constructiva es la discrepancia, un desacuerdo respecto al punto de vista central. Para los líderes la discrepancia es una buena forma de poner a prueba sus agallas, así como una lección de humildad. Como con la crítica constructiva, cuando haces que a la gente le resulte seguro expresar una nota discordante consigues otros puntos de vista. Algunos puede que contribuyan a los tuyos, o que los anulen. Acepta la discrepancia como una manera de humildad.

Convierte los errores en lecciones. Los errores provocan la necesidad de humildad. Así que, en vez de intentar encubrirlos, los líderes tienen que hacerlos públicos. No por el castigo, sino por la educación. Según el *Wall Street Journal*, Eli Lilly, una empresa farmacéutica, comprobó por segunda vez un medicamento para el cáncer que había fallado en los ensayos con humanos. Los investigadores de Lilly se dieron cuenta de que el método científico implica cierto grado de ensayo y error, así como el análisis de los fallos. El resultado es que los errores se pueden convertir en éxitos; el medicamento fallido se modificó y ahora se utiliza contra otro tipo de cáncer.[16]

Exige humildad en los demás. La humildad genera humildad. Un buen ejemplo de esta práctica es un monasterio budista. Allí los monjes trabajan en apoyo a la comunidad y, a su vez, en la búsqueda de la unión con su humanidad y su espiritualidad. Un sentido de la humildad personal es clave para la comprensión de uno mismo, la cual, a su vez, desemboca en una mayor conciencia de la plenitud de la vida. En otras palabras, si muestras humildad puedes pedir y exigir que el resto de tu equipo haga lo mismo.

Recuerda que el liderazgo requiere humildad. Neeleman buscó el perdón. Neeleman asumió las consecuencias y propuso un plan para seguir adelante. (Más tarde ese mismo año dimitió como director ejecutivo pero se quedó como presidente.) Aquellos que buscan la gloria para sí mismos pueden parecer grandes durante un momento pero, como nos advirtieron los antiguos romanos, la fama es efímera. La humildad, sin embargo, permanece porque su impacto en los demás es duradero. ¿Por qué? Porque la humildad surge del reconocimiento del poder de los demás y las limitaciones de uno mismo.

No siempre es fácil

Dalo por hecho, la humildad no inspira a la gente a despertarse por las mañanas y gritar: «Cielos, hoy me siento humilde». De hecho, demasiada humildad puede socavar la autoestima. El amor propio es fundamental en el liderazgo porque genera confianza en uno mismo. Más que nada, los líderes deben mostrar confianza, dar la sensación de que pueden hacer el trabajo. De lo que se tienen que dar cuenta los líderes es que la humildad no tiene por qué ser contraria a la confianza, sino que más bien la refuerza. Por ejemplo, la confianza no se basa solo en uno mismo, sino que puede abarcar al equipo. Es decir, los líderes pueden, y deberían, tener más confianza al saber que tienen el apoyo y los recursos de otros con los que hacer el trabajo. Si el equipo no va bien, entonces es tarea del líder hacer que lo haga a través de la formación laboral, el desarrollo personal y el aumento de personal con distintas habilidades.

La humildad, sin embargo, es la nota amable del liderazgo. Los buenos líderes de todas las áreas de la vida lideran con fuerza, pero sirven con humildad. Es decir, ponen el bien de su gente en primer lugar e intentan hacer el camino del liderazgo (ya sea físico o metafísico) comprensible y tolerable. La humildad es la admisión de la humanidad, un entendimiento de que el líder y el seguidor están juntos en esto, que hace más profunda la sensación de confianza. Es mejor admitir un defecto, o una limitación, que liderar a ciegas hacia lo desconocido.[17]

«Continuar ignorando lo que ocurrió antes de que nacieras es continuar siendo un niño».

—Cicerón

RECORDAR EL PASADO

A veces nos movemos a tal velocidad que cuesta trabajo recordar lo que hicimos ayer. Recordar los acontecimientos y las acciones que nos forman como líderes es fundamental para nuestro futuro.

Hasta hace no mucho había un retrato de Benito Mussolini colgado en la residencia oficial del primer ministro de Italia. Como informaban en *The Economist*, cuando unos periodistas invitados le preguntaron a un funcionario italiano en 2003 por qué se recordaba tanto al brutal dictador, él se encogió de hombros: «Es parte de nuestra historia».[18] Para ser justos, el retrato de Mussolini era solo uno de muchos líderes italianos, pero hay que quitarse el sombrero ante el gobierno italiano por no eludir el escarmiento por un desprestigio en sus más de dos mil años de historia.

Los europeos siempre han confrontado su pasado de forma más directa que los americanos; una de las razones es que el pasado en Europa es mucho más tangible. Hoy los jóvenes italianos pasan zumbando por el Coliseo en una Vespa de estilo retro o pasean por plazas que datan del Renacimiento charlando por teléfono móvil y escuchando *hip-hop* en su iPod. El pasado coexiste con un presente en continuo cambio. Esta es una buena lección para que la aprendan las empresas, porque nuestros jefes corporativos parecen olvidar siempre el pasado en favor de lo nuevo. Y como resultado acaban repitiéndolo.

Hacer una evaluación honesta

Después de todo, hace solo dos décadas que Wall Street fue enturbiada por la avaricia de los arbitrajistas que cruzaron la línea de la criminalidad. Y fue justo a finales del siglo veinte cuando inversores grandes y pequeños fueron engañados por sinvergüenzas en una variedad de empresas diferentes. No podemos olvidar el caos económico que causaron estos hombres de negocios; hacerlo sería provocar una repetición de sus fechorías.

Afortunadamente, las fechorías delictivas serán juzgadas, pero se tiende a pasar por alto los errores del liderazgo, incluso cuando envían a sus empresas por sendas desastrosas que hunden el precio de la mercancía, costando ahorros perdidos e ingresos perdidos para los empleados. Si lo dudas, entra en una empresa que tenga una nueva dirección y pregunta por el anterior equipo directivo. Pasará una de estas dos cosas; o bien provocarás un grito ahogado, del tipo «¿Cómo te atreves?», o recibirás una invectiva, como «Esos pobres idiotas...».

Esas reacciones son naturales pero esconden la auténtica verdad: somos criaturas de nuestro pasado, pero en los negocios es como si viviéramos en el presente y miráramos solo al futuro. Por esa razón le toca a la nueva generación de líderes recordarnos que miremos hacia atrás como medio para ir hacia delante. Estas son algunas maneras de hacer esto.

Conoce tus raíces. Alfred Sloan es considerado el padre de la moderna General Motors. Su mantra de mercado, «Un coche para cada bolsillo y propósito», respaldada por su insistencia en la descentralización, llevó a GM a convertirse en el fabricante de automóviles más grande del mundo. A menudo se pasan por alto la aguda mente analítica de Sloan y su disposición a probar ideas nuevas. Fue Sloan quien tomó un grupo dispar de compañías de automóviles mal gestionadas y que estaban fracasando y creó una dinastía. El liderazgo de hoy dirigido por Rick Wagoner tiene todavía algo del Sloan de los primeros años, al desarrollar nuevos productos y cerrar nuevos acuerdos a nivel global, así como al reestructurar la organización que creó Sloan. Conocer las intenciones del fundador, así como sus flaquezas, es fundamental para el éxito futuro.

Revisa antiguos planes de negocio. Ya oigo los quejidos; pasamos demasiado tiempo creando los nuevos como para echar la vista atrás. Bueno, ya hemos dicho bastante. La revisión de planes de hace una década, o incluso de hace cinco años, te dará una idea tanto de lo que salió bien como de lo que salió mal. El análisis debería decirte el porqué; si no, pregúntales a los que implantaron esos planes. ¿Por qué a este producto no le fue bien? ¿Fue un mal lanzamiento, un mal servicio o un mal *marketing*? ¿O fue la falta de desempeño lo que destruyó la iniciativa de servicio? ¿Prometimos mucho y cumplimos poco? La idea no es avergonzar a nadie; es aprender de planes pasados. Cuando vas lo bastante atrás en el tiempo, la gente puede perder el sentido de propiedad inmediata del plan y surge la franqueza.

Revisa los errores pasados. Quizá el mayor fallo de los nuevos equipos directivos sea deshacerse de todas y cada una de las cosas asociadas a la dirección previa. En algunos casos, como el fraude, puede estar justificado, pero en la mayoría de los casos es precipitado. Por un lado, normalmente el equipo directivo anterior hizo algunas cosas bien, y las personas que las hicieron todavía están por allí. Pero, sobre todo, desechar el pasado de un plumazo provoca la repetición de un error. ¿Por qué? Porque no hay memoria institucional. Esta es una lección a la que deberían atenerse las agencias y los administradores del gobierno.

Los administradores van y vienen, pero los burócratas están ahí para quedarse. Su conocimiento es un activo valioso para el futuro de su agencia. Para bien o para mal, los tipos nuevos deben dejar claro que quieren trabajar con la gente, no contra ella.

Preserva una historia corporativa. Una empresa que ha mantenido viva su cultura pero con energía y vitalidad es Walgreen's. Fundada por Charles Walgreen a principios del siglo pasado en Chicago, fue la operación comercial de un esposo y una esposa que engendró un legado de farmacias que no solo suministraban medicamentos (artesanales, como era la práctica común en aquellos días) sino toda clase de artículos, incluyendo un mostrador con almuerzos, algo que comenzó la señora Walgreen. En la excelente historia de John U. Bacon, *America's Corner Store* [La tienda de barrio de Estados Unidos], nos enteramos de que no todo lo que tocaba Walgreen se convertía en oro, pero él no se rendía; seguía adelante. Walgreen's trataba a los clientes como vecinos porque lo eran, pero las tiendas conservan esa amabilidad campechana hoy, aunque sean la cadena de supermercados más grande de la nación.[19]

Mirar atrás para ir hacia delante

Quedarse atascado en el pasado, por supuesto, tiene sus propias deficiencias. Te aparta de tener que escuchar ideas que no sean tuyas, aceptar un cambio o actuar de forma distinta. El pasado puede ser seductor. Es consolador revivir el éxito no solo por la gloria de esos momentos sino también por la sensación de seguridad que da recordarlo. Nuestra sensación de consuelo tiende a ignorar los tiempos difíciles que soportamos al intentar alcanzar nuestro éxito. Y cuando pasa eso boicoteamos nuestras propias fortalezas.

Un vistazo a la mayoría de las empresas que han aguantado dos ciclos de mercado o más será instructivo. Proponer una idea brillante y sacarla al mercado es un gran logro. Pasar a la idea de segunda generación y resistir una o dos crisis es mucho más admirable. El éxito a lo largo del tiempo se debe más a la brillantez de las personas de la organización que al brillo de un par de productos. Más que brillantez, es trabajo duro, disciplina y resistencia. Cuando los tiempos se vuelven duros, esas personas se vuelven más duras, y también más ingeniosas. Sí, el pasado es importante, pero menos como crónica de logros y más como legado de lecciones aprendidas. Esas lecciones pueden impulsarnos hacia delante hasta un mañana que contendrá su propia biblioteca de lecciones para las generaciones futuras.

«El humor es reírse de lo que no tienes cuando deberías tenerlo».
—LANGSTON HUGHES

HUMOR: RELÁJATE, SOLO ES TRABAJO

Eh, la vida es dura. Así que a veces solo tienes que dejarte llevar por una gran carcajada. La risa provoca tanto catarsis como iluminación.

Mark Katz, redactor de chistes presidenciales, cuenta la historia en su libro *Clinton and Me* [Clinton y yo] de cómo intentó conseguir que el presidente Bill Clinton abriera su discurso en la velada anual del Alfalfa Club, una reunión social de prensa y gente de negocios en Washington, con un chiste. Era el año 1995 y Clinton acababa de dar un discurso sobre el Estado de la Unión que duró una hora y veintiún minutos por el que fue duramente criticado. Katz creía que el cronómetro sería un momento de autocrítica que reconocería tanto la tendencia a la prolijidad de Clinton como su sentido del humor. Clinton se resistía a abrir con el gag, pero finalmente sacó el cronómetro en medio de sus comentarios. Se llevó la mayor carcajada de la tarde. Clinton solo estaba sumándose a una larga línea de presidentes para quienes el humor era un medio fundamental para conectar con su audiencia de formas que fueran más allá de la afiliación a un partido.[20]

El gran igualador

Así como nadie está por encima de la ley, nadie debería estar por encima de utilizar el humor en la comunicación. Ronald Reagan fue probablemente el mejor humorista de la Casa Blanca; como actor tenía un baúl lleno de anécdotas graciosas que usar para hacer que la gente se relajara, así como para transmitir sus ideas con más claridad. El humor es el gran igualador; saca la humanidad que hay en todos nosotros. Aunque a las distintas culturas les parecen graciosas cosas distintas, el único factor unificador son las ganas de reír. El aprecio por el humor es fundamental en el liderazgo y debería fomentarse en el lugar de trabajo. El humor en las comunicaciones de los líderes puede ayudar a sus intenciones. Es decir, puede ayudar a construir unas relaciones más fuertes entre las personas, así como ayudar a que se lleven mejor entre ellas y, como resultado, se hagan las cosas. Veamos algunas cosas que los directivos pueden hacer para aligerar el lugar de trabajo.

Cuenta chistes de ti mismo. La razón por la que el humor presidencial funciona es porque hace que el líder parezca accesible, más como uno de nosotros, y por tanto más humano. John Kennedy era un buen bromista, especialmente a su propia costa. Por ejemplo, tras el fiasco de Bahía de Cochinos, comentó: «El éxito tiene muchos padres, pero el fracaso es huérfano». Él, sin embargo, asumió su «paternidad» en ese asunto. Los directivos que usan el humor deben asegurarse de satirizar sobre sí mismos antes de bromear sobre los demás. Al hacer de ti mismo el blanco de los chistes reconoces tus propias flaquezas y, de paso, haces que sea permisible restarle importancia a los defectos de los demás. Ten en mente, no obstante, que el humor debe tratar sobre el comportamiento laboral, no sobre la personalidad. Por ejemplo, puedes bromear sobre los hábitos de trabajo de los empleados, pero no sobre sus estilos de vida.

Anima a la gente a que se ría. Bob Dole, ex líder de la mayoría en el senado y candidato a la presidencia, tiene un ingenio irresistible. Sus discursos están sazonados con bromas sobre sí mismo, su esposa (que ahora es senadora) y el proceso político en general. Bob Dole es un hombre que ha experimentado mucho dolor en su vida. Está parcialmente paralizado por una herida infligida en Italia hace más de sesenta años. Aunque las heridas de guerra de Dole acabaron con su naturaleza atlética y sus aspiraciones a una carrera en la medicina, no acabaron con su entrega a los demás. Su ingenio ofrece una ventana abierta a un hombre que ha aprendido a convertir las crueldades de la vida en lecciones de vida. Así, el ejemplo de Dole puede enseñarnos que aunque la vida puede ser injusta, también puede ser a veces enriquecedora y graciosa.

Haz que la gente se sienta cómoda. Uno de los secretos del éxito de Jay Leno, aparte de su compromiso inquebrantable con la disciplina y el trabajo duro, es la forma en la que trata a su gente. Según una reseña sobre él en la revista *Fortune*, Leno es en persona y con su personal como es en televisión: accesible y agradable. Leno inspira lealtad entre su gente porque los trata bien y se abre a sus necesidades.[21] No es solo un bromista, es la clase de líder de grupo que inspira a las personas a dar lo mejor de ellas por él porque saben que le importa. No todos los líderes deberían intentar ser bromistas, pero todo directivo debería intentar hacer que la gente se relaje como medio para sacar lo mejor de ellos.

No todo es gracioso

Por más que el humor sea necesario en el lugar de trabajo, hay cosas que se pasan de la raya: el humor que hiere. El humor que sea sexual o étnico debería estar fuera de lugar en el trabajo; así también el humor que sea malintencionado y pensado para hacer daño. Esas bromas, aunque las haga alguien que crea que están bien, no solo hieren a la gente sino que también demuestran una ignorancia de los sentimientos de las personas; esto puede causar una división fatídica entre los directivos y sus empleados. Recuerda, el lugar de trabajo es un lugar público, y como directivo representas a toda la organización. Cuando tengas dudas sobre algo gracioso, la norma es sencilla: no. Por maravillosa que pueda ser la broma adecuada en el momento adecuado, la broma equivocada en el momento equivocado puede herir profundamente, y a veces causar un daño irreparable en la confianza.

Aligerar la carga

Dicho esto, el humor pertenece al lugar de trabajo porque puede añadir ligereza y levedad y también desinflar la pomposidad. Como dice la expresión, la vida es corta. ¿Por qué no disfrutar del paseo? El humor, cuando se hace con honestidad y buenas intenciones, puede hacer que el paseo sea memorable y que merezca la pena porque la gente querrá participar. Todos queremos pertenecer a un sitio en el que ir a trabajar pueda ser divertido y donde sintamos que podemos hacer una contribución positiva. Así que alégrate; lo único que puedes perder son las lágrimas.

EPÍLOGO

■

«Para liderar a la gente, camina detrás de ella».
—Lao Tzu

El liderazgo, como has aprendido en este libro, es una combinación de prepararse uno mismo y de hacer cosas por los demás. Lo que observas y aprendes de otros tiene un papel importante en tu desarrollo como líder y en el ejemplo que das a los demás.

Da buen ejemplo

Antes de poder liderar a los demás debes liderarte a ti mismo. Tienes que saber de lo que estás hecho. El carácter y la convicción son importantes. También debes cumplir tu papel como líder estando presente y disponible. Los líderes dan buen ejemplo. En realidad, el ejemplo es lo que más cuenta. Pone los cimientos sobre los que la confianza puede florecer. Tu ejemplo es tu carácter en acción. Las palabras son importantes; las acciones son más importantes aún.

Hazte estas preguntas:

- ¿Con cuánta frecuencia dedico tiempo a reflexionar sobre mi propio desempeño y cómo este afecta a mi equipo?
- ¿Qué clase de ejemplo le estoy dando a mi equipo? Si yo estuviera en el equipo, ¿me inspiraría? ¿Por qué?
- ¿Qué estoy haciendo para convertirme en un líder mejor?

- ¿Cree la gente en mi liderazgo? ¿Por qué?
- ¿Qué pasos puedo dar para generar o reforzar la confianza entre mi equipo y yo?

~

Representa tu papel

Necesitas conocer a quién estás liderando y la cultura en la que pretendes liderar. La mayoría de las veces no habrá mapas de carretera, sino un montón de obstáculos en el camino. Es tarea del líder identificarlos y poner al equipo en marcha para eliminarlos. La gente necesita dirección, pero no siempre necesita señales que indiquen cada kilómetro. Eso quiere decir que los líderes tienen que establecer la dirección, pero luego apartarse y dejar que las personas descubran por sí mismas *cómo* hacer las cosas. Cuando la gente descubre cómo hacerlas, se motiva a responsabilizarse más y, en su momento, a compartir con los demás lo que han aprendido.

Hazte estas preguntas:

- ¿Qué estoy haciendo para asegurarme de que la gente entiende su misión?
- ¿Qué tal me estoy ganando a los que «miran los toros desde la barrera», los que se quedan esperando a que pasen las cosas?
- ¿Qué tal estoy superando los obstáculos que se interponen en nuestro camino?
- ¿Qué tal estoy delegando la responsabilidad y la autoridad?
- ¿Qué debería estar haciendo para difundir la confianza?

~

Maneja las dificultades

La vida te ataca desde distintos frentes. A veces arremete con tanta fuerza que te derriba. No hay nada de vergonzoso en caer; lo importante es levantarse para volver a luchar. Cuando tu gente te vea hacerlo se animarán a seguir tu ejemplo. A veces hay que colaborar con personas que no tienen ningún interés en ti ni en tus ideas. Hay que aprender a liderar cuando no se tiene autoridad para hacerlo. Tienes que demostrar que sabes lo que haces. Tienes que utilizar tu ingenio y tu influencia para triunfar. Al hacerlo, crearás oportunidades para que la gente escuche lo que tengas que decir y te dé una oportunidad para demostrar tus argumentos.

Hazte estas preguntas:

- ¿Qué tal estoy fomentando los puntos de vista alternativos?
- ¿Qué hago cuando un miembro de nuestro equipo sufre un percance?
- ¿De qué modo busco soluciones en vez de intentar echar la culpa?
- ¿Demuestro suficiente determinación como para afrontar los tiempos difíciles? Si es así, ¿cómo?
- ¿Cómo puedo sustituir una cultura de «primero la culpa» por una de «primero las soluciones»?

~

Pon al equipo en primer lugar

Ningún líder vive en el vacío. Es de tu incumbencia mostrarles a las personas que te preocupas por ellas, con honestidad y sin dudas. Eso significa que formas a tu gente para el éxito. Comunicas, persuades y desafías. También ofreces crítica constructiva. Conviertes el fallo en una posibilidad, no porque lo busques, sino porque sabes que es vital que la gente asuma riesgos para que puedan triunfar.

Hazte estas preguntas:

- ¿Qué tal estamos manejando la tensión en nuestro equipo? ¿Es positiva o negativa?
- ¿Qué debería estar haciendo para difundir la confianza?
- ¿Qué puedo hacer para asegurarme de tener a las personas adecuadas en los puestos adecuados para que hagan el trabajo de forma adecuada?
- ¿Qué puedo hacer para demostrar mi aprecio por el equipo?
- Cuando impulsamos un cambio, ¿honramos el pasado? Si es así, ¿por qué?

NOTAS

∎

Prólogo

1. Basado en los comentarios que realizó Peter Dawkins, militar retirado, en la Wharton Leadership Conference de 2006, 13 junio 2006.

Parte I

LECCIÓN 2: SABER LO QUE SABES (Y LO QUE NO SABES)

1. Emily Lambert, "Use It Up, Wear It Out", *Forbes*, 14 marzo 2005.

LECCIÓN 3: RENDIR CUENTAS: LA RESPONSABILIDAD ES MÍA

2. La información sobre el general Myers y el ex secretario de estado Rumsfeld se ha basado en los boletines de noticias de la NPR [National Public Radio], así como en "No cover-up in Tillman's death", CNN.com, 1 agosto 2007; William Roberts, "Rumsfeld, Myers Deny Covering Up Tillman's Death" (Update 1), Bloomberg.com, 1 agosto 2007; y Paul von Zeilbauer, "Panel Queries Rumsfeld on Tillman Battle Death", *New York Times*, 2 agosto 2007.

3. Joe Scarborough, entrevista de Chris Matthews, *Hardball*, MSNBC, 3 octubre 2006.

4. Información sobre el general Myers y el ex secretario de estado Rumsfeld.

5. James Rainey, "Times Publisher Seeks to Mend Rift", *Los Angeles Times*, 21 septiembre 2006.

6. Bob Woodward, *Negar la evidencia* (Barcelona: Belacqva, 2006); Bob Woodward, entrevista de Terri Gross, *Fresh Air*, National Public Radio, 4 octubre 2006.

LECCIÓN 4: VALOR: LUCHA POR LO QUE CREES

7. Stephanie Murray, "Sale Possible for Book Retailer", *Ann Arbor News*, 20 marzo 2008.

LECCIÓN 5: COMPRUEBA TU EGO

8. Duff Wilson y Michael S. Schmidt, "Waxman Regrets Hearing Was Held", *New York Times*, 15 febrero 2008. La analogía entre el Monte del Capitolio y el monte del lanzador (montículo) apareció por primera vez en CNNSI.com (visitado 13 febrero 2008).

LECCIÓN 6: MÍRATE BIEN EN EL ESPEJO

9. Howard Schultz, carta a los empleados de Starbucks, reimpresa en el *Wall Street Journal*, 7 enero 2008.

10. Michael M. Grynbaum, "Starbucks Takes a 3-Hour Coffee Break", *New York Times*, 27 febrero 2008.

11. Robert S. Kaplan, "The Tests of a Leader: What to Ask the Person in the Mirror?", *Harvard Business Review* (enero 2007).

12. Ibid.

13. J. Lynn Lunsford, "Brian H. Rowe: His Engines Powered Major Jets and Dominance for Aerospace Titan", *Wall Street Journal*, 24 febrero 2007.

14. Jeff Bailey, "Family Hands Off Its Business, and Its Philosophy", *New York Times*, 24 febrero 2007.

LECCIÓN 8: HAZ QUE SE NOTE TU PRESENCIA

15. Peter Senge, Joseph Jaworski, C. Otto Scharmer y Betty Sue Flowers, *Presence: An Exploration of Profound Change in People, Organizations, and Society* (Nueva York: Currency, 2005).

16. Larry Bossidy, discurso en un foro de *Fortune* (revista) celebrado en la conferencia "Living Leadership" en Atlanta, EUA, 5 noviembre 2005.

Parte II

LECCIÓN 9: COMUNICA, COMUNICA, ¡COMUNICA!

1. Frances Hesselbein, *Hesselbein on Leadership* (San Francisco: Jossey-Bass, 2002), pp. 54–55.

LECCIÓN 10: ESCUCHAR LAS IDEAS

2. Damon Darlin, "H. P. Tries to Create Printers That Love the Web", *New York Times*, 9 abril 2007. El ejecutivo de Hewlett-Packard descrito en el artículo es Viyomesh I. Joshi, el vicepresidente ejecutivo que dirige el negocio de impresión de HP.

LECCIÓN 11: FORMULAR PREGUNTAS

3. David Whitford, "The Strange Existence of Ram Charan", *Fortune*, 30 abril 2007.

4. El autor quiere agradecerle al doctor John Hiedke, de Right Management/Great Lakes, por sus ideas para desarrollar estas preguntas. Una gran parte de este capítulo apareció por primera vez en una columna (escrita por John Baldoni) en CIO.com, julio 2007. Utilizada con permiso.

LECCIÓN 12: HACER CRÍTICA CONSTRUCTIVA

5. "Goldman Sachs", *Wall Street Journal*, 13 octubre 2006.

6. Nic Patton, "Leaders Don't Listen, Don't Manage and Don't Have a Clear Vision", *Management Issues News* [Ken Blanchard Group] (19 junio 2006).

7. Marshall Goldsmith, "Feed Forward", *Leadership Excellence* (febrero 2003).

8. "National Public Radio", *New York Times*, 13 octubre 2006.

LECCIÓN 14: INFLUENCIA: EMBARCAR A LA GENTE

9. Joel DeLuca, *Political Savvy* (Filadelfia: Evergreen Press, 1999).

LECCIÓN 15: INFLUIR SIN AUTORIDAD

10. El origen del «mito de la jerarquía» proviene de las ideas sobre liderazgo ejecutivo frente a liderazgo legislativo expresadas por el escritor y consultor sobre liderazgo Jim Collins en la Wharton Leadership Conference, 13 junio 2006. Estas ideas también aparecen en: Jim Collins, *Good to Great and the Social Sectors: A Monograph to Accompany Good to Great* (Nueva York: HarperCollins, 2005).

11. Louis V. Gerstner, *¿Quién dice que los elefantes no pueden bailar?* (México: McGraw-Hill, 2003).

12. El autor quiere agradecerle a la *coach* ejecutiva Sara Jane Radin de Performance Advantage Systems por sus ideas, que ayudaron a dar forma a este capítulo.

LECCIÓN 16: SABER CÓMO GANAR

13. Erik Schonfeld, "GE Sees the Light", *Business 2.0* (julio 2004).

14. Christina Hoag, "Ad School, Firm Form Education Alliance", *Miami Herald*, 18 junio 2004.

15. Bridget Finn, "How to Be Creative (but Not Too Creative)" [entrevista a Paul Jacobs], *Business 2.0* (junio 2004).

LECCIÓN 17: TIENDE UNA MANO

16. Stanley Bing es autor de éxitos de ventas y columnista con un largo recorrido en *Fortune*. Bing es el seudónimo de un ejecutivo en la vida real.

LECCIÓN 18: GESTIONAR (Y LIDERAR)

17. Chris Lowney, *El liderazgo al estilo de los jesuitas* (Bogotá: Norma, 2004).

18. Información recopilada de la página web de Michigan Radio, www.michiganradio.org.

19. John Lasseter, entrevista de Terry Gross, *Fresh Air*, National Public Radio, 8 junio 2006.

20. El autor quiere agradecerle a Sarah Ely, directora de la Plant Academy en la Universidad de Michigan, por sus ideas acerca de este capítulo.

LECCIÓN 21: LIDERAR LA INNOVACIÓN

21. "Real Virtuality", *The Economist*, 3 junio 2006.

22. Ibid.

23. Fast Company, *The Rules of Business* (Nueva York: Currency/Doubleday, 2005), p. 27.

24. John Carreyrou y Barbara Martinez, "Research Chief Stirs up Merck by Seeking Aid from Outsiders", *Wall Street Journal*, 7 junio 2006.

25. Fast Company, *The Rules of Business*, p. 29.

26. Carreyrou y Martinez.

LECCIÓN 23: DELEGAR (Y EJECUTAR) EN BUSCA DE RESULTADOS

27. El autor quiere darle reconocimiento a la doctora Sydney Lentz, de Right Management/Great Lakes, por sus ideas acerca del tema de la «delegación de resultados».

LECCIÓN 24: LIDERAZGO DE ABAJO A ARRIBA

28. Tom Wolfe, *The Right Stuff* (Nueva York: Bantam (reedición), 2001), pp. 49, 143, 340 [*Lo que hay que tener* (Barcelona: Anagrama, 2010)].

29. Geoffrey Colvin, "Who Wants to Be the Boss?", *Fortune*, 20 febrero 2006.

30. Alan Deutschman, "The Fabric of Creativity", *Fast Company* (diciembre 2004).

LECCIÓN 25: HAZ QUE SEA PERSONAL (A VECES)

31. Taylor Branch, *At Canaan's Edge: America in the King Years 1965–1968* (Nueva York: Simon & Schuster, 2006), p. 33.

32. Carol Hymowitz, "Technology CEO Shares Advice", *Wall Street Journal*, 20 marzo 2006.

33. Elle Andra-Warner, *The Mounties* (Canmore, Alberta: Altitude Publishing, 2004), pp. 51–59.

34. Branch, pp. 96–98.

Parte III

LECCIÓN 27: CALMAR LA TENSIÓN

1. Robert M. Utley, "Sitting Bull", *MHQ: The Quarterly Journal of Military History* 5, no. 4 (verano 1993), publicado en Stephen B. Oates y Charles J. Errico, *Portrait of America Volume Two: From 1865* (Boston/Nueva York: Houghton-Mifflin, 2007) pp. 30–43.

LECCIÓN 28: CONECTA CON EL ENEMIGO

2. Lee Hamilton, "Should the U.S. negotiate with its enemies?", *New York Times Upfront*, 22 octubre 2006.

LECCIÓN 29: GESTIONAR LAS CRISIS

3. Texto de la declaración del primer ministro Tony Blair realizada la tarde del jueves en su despacho de Downing Street, *Associated Press*, 8 julio 2005.

4. Winston Groom, *1942: The Year That Tried Men's Souls* (Nueva York: Atlantic Monthly, 2005), pp. 155–156 [citando General Jonathan M. Wainwright, *General Wainwright's Story* (Garden City, NY: Doubleday, 1945)].

LECCIÓN 30: EVITAR LA TRAMPA DE LOS MULTIPROPÓSITOS

5. John Merrow, "Merrow Report: Rebuilding a District", *NewsHour with Jim Lehrer*, PBS, 6 abril 2006.

6. Ibid.

LECCIÓN 31: DAR MALAS NOTICIAS

7. Carol Hymowitz, "Into the Lead: Should CEOs Tell Truth About Being in Trouble, Or Is That Foolhardy?", *Wall Street Journal*, 15 febrero 2005.

LECCIÓN 32: PERSUADIR AL QUE NO ESTÁ CONTIGO

8. David McCullough, *John Adams* (Nueva York: Simon and Schuster, 2001), p. 78.

LECCIÓN 33: MANEJAR LA DERROTA

9. Ellen McGirt, "Al Gore's $100 Million Makeover", *Fast Company* (julio 2007); personal, "Al Gore, Inc.", *Fast Company* (julio 2007); Marc Gunther y Adam Lashinsky, "Al Gore's Next Act: Planet Saving VC", *Fortune*, 13 noviembre 2007.

10. Gunther y Lashinsky.

11. Una porción de este capítulo apareció por primera vez en una columna (escrita por John Baldoni) en CIO.com, julio 2006. Utilizada con permiso.

LECCIÓN 34: PERSEVERANCIA: CONTINÚA GOLPEANDO LA ROCA

12. Janet Adamy, "In Bid to Boost Flagship Brand, Heinz Courts a Golden Customer", *Wall Street Journal*, 28 junio 2006.

LECCIÓN 36: ADAPTABILIDAD: TODO CAMBIA, HASTA LOS LÍDERES

13. "Adaptability: A Leadership Imperative: What Is Adaptability?", *Leading Effectively* (boletín) del Center for Creative Leadership, citando Al Calarco y Joan Gurvis, *Adaptability: Responding Effectively to Change* (Greensboro, NC: Center for Creative Leadership, 2006).

LECCIÓN 37: PERDONA (NO OLVIDES)

14. Thomas J. Watson, como aparece citado en thinkexist.com.

LECCIÓN 38: NO BUSQUES UN CULPABLE

15. Bob Dole, *One Soldier's Story: A Memoir* (Nueva York: HarperCollins, 2005).

16. La cita está sacada de Bartleby.com, que sirve de fuente para la *Columbia Encyclopedia* y el *New York Times*, 31 octubre 1971.

LECCIÓN 39: NEGOCIA LA POSICIÓN, NO LOS VALORES

17. Sharon Begley, "The Key to Peace In Mideast May Be 'Sacred Values'", *Wall Street Journal*, 25 agosto 2006.

18. Ibid.

19. Keith Olbermann, *Countdown*, MSNBC, 28 febrero 2006.

LECCIÓN 40: SER DURO

20. Michael Wilbon, "25 Years Ago: Jordan, Worthy, Ewing and Oh My!", *Washington Post*, 25 marzo 2007.

LECCIÓN 41: LIBERAR EL ESTRÉS

21. Harris Interactive/Randstad USA, *Job Bites* (2006); Kathryn Harris, "Rude Awakening", publicación de la USC Marshall School of Business, 10 febrero 2006, citando Christine Porath y Christine Pearson, "On the Nature, Consequences and Remedies of Workplace Incivility: No Time for Nice? Think Again", *Academy of Management Executive* (febrero 2006).

Parte IV

LECCIÓN 42: CONSTRUIR LA CONFIANZA DEL EQUIPO

1. La historia de la temporada 2006 de los Detroit Tiger está basada en reportajes contemporáneos realizados por el *Detroit Free Press*, *Detroit News* y el *Ann Arbor News*.

LECCIÓN 43: GESTIONAR EL DESACUERDO

2. Martin Peers, "Tuning Up Time Warner", *Wall Street Journal*, 11 diciembre 2003.

3. Peter Senge, *The Fifth Discipline: The Art and Practice of the Learning Organization* (Nueva York: Currency Paperback, 1990, 1994), pp. 150–155 [*La quinta disciplina: El arte y la práctica de la organización abierta al aprendizaje* (Buenos Aires: Granica, 2005)].

4. Ibid.

LECCIÓN 45: LO QUE NECESITAS ES AMOR

5. David Halberstam, *The Fifties* (Nueva York: Simon & Schuster, 1993), pp. 109–114.

6. David Kirkpatrick, "Chipping Away at Intel", *Fortune*, 1 noviembre 2004.

7. David Stafford, *Ten Days to D-Day* (New York: Little, Brown & Company, 2003), pp. 33–34 [*El desembarco de Normandía: Diez días para el día D* (Madrid: Espasa Calpe, 2004)].

8. Jon Meacham, *Franklin and Winston* (Nueva York: Random House, 2003).

9. Geoffrey C. Ward, *A First-Class Temperament: The Emergence of Franklin Roosevelt* (Nueva York: Harper & Row, 1989).

10. Una porción de este capítulo apareció por primera vez en una columna (escrita por John Baldoni) para CXO Media, marzo 2005. Utilizada con permiso.

LECCIÓN 47: GRACIA: HAZ QUE PAREZCA NATURAL

11. Gordon R. Sullivan y Michael Harper, *La esperanza no es un método* (Norma, 1998).

12. John Maxwell, conferencia impartida en el congreso "Living Leadership" celebrado en Atlanta, EUA, 5 noviembre 2005; John C. Maxwell, *Piense, para obtener un cambio* (Lake Mary, FL: Casa Creación, 2004).

13. Entre los autores que escriben bien sobre el tema de la reflexión están el Dalai Lama, John Maxwell y Thich Nhat Hanh.

LECCIÓN 48: HUMILDAD: SAL DEL CANDELERO

14. Jeff Bailey, "JetBlue Begins Reimbursing Stranded Passengers", *New York Times*, 20 febrero 2007.

15. Ibid.

16. Thomas M. Burton, "By Learning from Failures, Lilly Keeps Drug Pipeline Full", *Wall Street Journal*, 21 abril 2004.

17. Una porción de este capítulo, escrita por John Baldoni, apareció por primera vez en *Wharton Leadership Digest* (marzo 2007). Utilizada con permiso.

LECCIÓN 49: RECORDAR EL PASADO

18. Charlemagne, "Harrying the Nazis", *The Economist*, 22 enero 2005.

19. John U. Bacon, *America's Corner Store* (San Francisco: John Wiley & Sons, 2004).

LECCIÓN 50: HUMOR: RELÁJATE, SOLO ES TRABAJO

20. Mark Katz, *Clinton & Me: Real Life Political Comedy* (Nueva York: Hyperion, 2004).

21. Marc Gunther, "The MVP of Late Night", *Fortune*, 23 febrero 2004.

ÍNDICE

ACERCA DEL AUTOR

John Baldoni es un reconocido especialista internacional en liderazgo, conferenciante y autor de siete libros, entre ellos *Los secretos de comunicación de grandes líderes*. En 2007 fue nombrado uno de los «30 gurús del liderazgo más influyentes» por Leadership Gurus International. Los escritos sobre liderazgo de John han aparecido en BusinessWeek.com, FastCompany.com y en Harvard Business Publishing. Ha sido mencionado o citado en numerosas publicaciones, entre ellas el *New York Times*, *USA Today*, el *Chicago Tribune* y el *Investor's Business Daily*. Encuéntrale en www.johnbaldoni.com.